Nederlands

Burgerschap voor AG

M.C. Arnold-Klaarhamer

Bohn Stafleu van Loghum
Houten 2008

ISBN 978 90 313 5143 5
NUR 891

Ontwerp omslag: Mariël Lam, Empel
Ontwerp binnenwerk: Studio Bassa, Culemborg
Automatische opmaak: Pre Press, Zeist
Cartoons: Peter Beemsterboer, Studio Imago, Amersfoort

Dit boek kwam eerder uit onder de titel *Nederlands* in de reeks Kompas voor AG. Deze nieuwe druk is geheel herzien.

Basiswerk voor AG staat onder redactie van:
H. Elling (AA)
J. van Amerongen (DA)
A. Reiffers (DA)

Bohn Stafleu van Loghum
Het Spoor 2
Postbus 246
3990 GA Houten

www.bsl.nl

Inhoud

Wat staat er in het boek?

Dit boek gaat over taal, de Nederlandse taal. In het persoonlijk en maatschappelijk leven neemt taal een centrale plaats in. Zonder taal zouden we maar moeilijk met elkaar kunnen communiceren.

Voor de mbo-student die zich voorbereidt op het beroepsleven is een goede beheersing van het Nederlands, zowel mondeling als schriftelijk, van groot belang. Nu bovendien veel studenten een buitenlandse achtergrond hebben, is extra aandacht voor taal noodzakelijk.

Dit basiswerkboek *Nederlands, Burgerschap voor AG* wil daarbij een handreiking zijn. Het is in de eerste plaats een werkboek. De student kan in de teksten en opdrachten steeds de link naar zijn toekomstig beroep leggen.

Opbouw

Het boek telt zes hoofdstukken. In de eerste twee wordt aandacht besteed aan spelling, grammatica en stijl. Het derde gaat over mondelinge en schriftelijke informatie, verslaglegging en rapportage. Het vierde behandelt de zakelijke correspondentie. Het vijfde hoofdstuk behandelt sollicitatieprocedures en in het laatste hoofdstuk staat het vergaderen centraal. In alle hoofdstukken wordt steeds uitgegaan van praktijksituaties; de oefeningen zijn daarop gericht.

Invulling

In dit boek komen de elementen uit het document *Leren Loopbaan en Burgerschap* veelvuldig aan bod. In de online databank www.agcontext.nl staat een compleet overzicht voor docenten waarin per boektitel uit de serie *Basiswerken* is aangegeven welke kerntaak waar aan bod komt.

Naast de lees- en schrijfvaardigheid is er ook aandacht voor luistervaardigheid. Daarom is bij dit boek een cd met een luistertoets gemaakt. Hiermee sluit het boek aan bij de Europese richtlijnen voor taalbeheersing op niveau B2.

Bij dit boek is een docentenhandleiding beschikbaar waarin uitleg wordt gegeven bij de kerntaken en competenties die in dit boek centraal staan. Deze – en nog veel meer – aanvullende informatie staat op AG-context (www.agcontext.nl), het digitale leerplatform dat deze boekenserie ondersteunt.

Overzicht algemene competenties in de zes hoofdstukken

	Competenties	H. 1	H. 2	H. 3	H. 4	H. 5	H. 6

Kerntaak

1 Benoemt zijn eigen ontwikkeling en gebruikt middelen en wegen om daarbij passende leerdoelen te bereiken.

Werkproces

	Competenties	H. 1	H. 2	H. 3	H. 4	H. 5	H. 6
1.1 Benoemt leerdoelen voor de eigen ontwikkeling.	Formuleren en rapporteren Analyseren Onderzoeken Gedrevenheid en ambitie tonen	x	x	x		x	
1.2 Inventariseert geschikte manieren van leren.	Onderzoeken Creëren en innoveren	x	x				
1.3 Kiest bij de situatie en bij zichzelf passende manieren van leren.	Beslissen en activiteiten initiëren Analyseren Creëren en innoveren			x			x
1.4 Plant zijn eigen leerproces en voert het uit.	Beslissen en activiteiten initiëren Plannen en organiseren			x			
1.5 Evalueert de gekozen manier van leren.	Analyseren Leren			x			

Kerntaak

2 Stuurt de eigen loopbaan.

Werkproces

	Competenties	H. 1	H. 2	H. 3	H. 4	H. 5	H. 6
2.1 Reflecteert op eigen kwaliteiten en motieven.	Aandacht en begrip tonen Relaties bouwen en netwerken Analyseren Onderzoeken					x	
2.2 Onderzoekt welk werk er is en wat bij hem past.	Aandacht en begrip tonen Relaties bouwen en netwerken Analyseren Onderzoeken			x		x	
2.3 Stuurt de eigen loopbaan en onderneemt acties die daarbij nodig zijn.	Beslissen en activiteiten initiëren Relaties bouwen en netwerken Onderzoeken Omgaan met verandering en aanpassen Gedrevenheid en ambitie tonen					x	

Kerntaak

3 Participeert in het politieke domein, in besluitvorming en beleidsbeïnvloeding.

Werkproces

	Competenties	H. 1	H. 2	H. 3	H. 4	H. 5	H. 6
3.1 Oriënteert zich op onderwerpen waarover politieke besluiten genomen worden.	Analyseren Onderzoeken			x			
3.2 Vormt een eigen mening.	Beslissen en activiteiten initiëren Analyseren						x
3.3 Onderneemt acties naar aanleiding van gemaakte keuzen.	Beslissen en activiteiten initiëren Overtuigen en beïnvloeden Instructies en procedures opvolgen					x	x

	Competenties	H. 1	H. 2	H. 3	H. 4	H. 5	H. 6
Kerntaak							
4 Functioneert als werknemer in een arbeidsorganisatie.							
Werkproces							
4.1 Gedraagt zich als werknemer bij het uitvoeren van het werk.	Ethisch en integer handelen Leren Kwaliteit leveren Instructies en procedures opvolgen Omgaan met verandering en aanpassen Met druk en tegenslag omgaan	x	x		x		
4.2 Maakt gebruik van werknemersrechten.	Beslissen en activiteiten initiëren Samenwerken en overleggen Overtuigen en beïnvloeden Onderzoeken Instructies en procedures opvolgen	x			x		x
4.3 Stelt zich collegiaal op.	Samenwerken en overleggen Ethisch en integer handelen			x		x	
Kerntaak							
5 Functioneert als kritisch consument.							
Werkproces							
5.1 Oriënteert zich op consumentenmarkt en houdt rekening met eigen wensen en mogelijkheden.	Samenwerken en overleggen Formuleren en rapporteren Analyseren Onderzoeken Leren	x	x	x			
5.2 Onderneemt acties om producten en diensten aan te schaffen.	Beslissen en activiteiten initiëren Overtuigen en beïnvloeden Onderzoeken Instructies en procedures opvolgen	x	x	x	x		
Kerntaak							
6 Deelnemen in allerlei sociale verbanden en respectvol ge-bruiken van de openbare ruimte.							
Werkproces							
6.1 Neemt deel in diverse sociale verbanden en leeft in de openbare ruimte.	Beslissen en activiteiten initiëren Aandacht en begrip tonen Samenwerken en overleggen Ethisch en integer handelen Onderzoeken	x	x	x	x		
6.2 Voert activiteiten uit voor de leefbaarheid van zijn sociale omgeving.	Beslissen en activiteiten initiëren Samenwerken en overleggen Plannen en organiseren Instructies en procedures opvolgen	x	x	x	x		
Kerntaak							
7 Zorgt voor de eigen gezondheid (vitaal burgerschap).							

	Competenties	H. 1	H. 2	H. 3	H. 4	H. 5	H. 6
Werkproces							
7.1 Zoekt informatie over een gezonde leefwijze.	Beslissen en activiteiten initiëren Analyseren Onderzoeken			x	x		x
7.2 Beslist op basis van informatie en handelt ernaar.	Beslissen en activiteiten initiëren Ethisch en integer handelen Materialen en middelen inzetten			x			
7.3 Onderneemt activiteiten om de gezondheid te bevorderen.	Samenwerken en overleggen Vakdeskundigheid toepassen Materialen en middelen inzetten Instructies en procedures opvolgen						x

De regels van het spel: spelling

Inleiding

In dit hoofdstuk gaan we uitgebreid in op de spelling. Als je een brief moet schrijven om informatie aan te vragen of een folder wilt opstellen om patiënten te wijzen op de veranderde praktijktijden, kun je met problemen worden geconfronteerd. Het kan je ook gebeuren dat je een boodschap schriftelijk in duidelijke taal moet doorgeven en ineens weet je het niet meer! Hoe schrijf je ook alweer meegedeel... – met een d of een t? Dan is het handig als je even snel in dit hoofdstuk kunt opzoeken hoe het moet. Nog handiger is het als je de regels zo goed onder de knie hebt dat je ze, zonder problemen, kunt toepassen.

1.1

Het werkwoord

1.1.1

WAT IS EEN WERKWOORD?

Een werkwoord is een woord waar je mee kunt *werken*; je kunt er iets mee *doen*.
– Op de eerste plaats geeft het woord aan dat je iets *doet*: slapen, leren, dansen, eten, lachen – je kunt het allemaal doen.
– Op de tweede plaats heeft dat doewoord de eigenschap dat je het kunt vervoegen – je kunt ermee aangeven wie iets doet.

Voorbeeld: slapen		
ik	slaap	1e persoon enkelvoud
jij/je/u	slaapt	2e persoon enkelvoud
hij/zij/het/men	slaapt	3e persoon enkelvoud
wij	slapen	1e persoon meervoud
jullie	slapen	2e persoon meervoud
zij	slapen	3e persoon meervoud

De ik-vorm noemen we de stam van het werkwoord en die moet je altijd goed in de gaten houden, dat is je uitgangspunt.
Wat valt je op als je dit rijtje ziet? Je ziet dat er bij de 2e en 3e persoon enkelvoud (jij/je/u en hij/zij/het/men) een t achter de stam (de ik-vorm) staat. Dat is zo bij alle andere werkwoorden, dus ook bij het werkwoord worden:

Voorbeeld: worden	
ik	word
jij/je/u	wordt

hij/zij/het/men	wordt
wij	worden
jullie	worden
zij	worden

Het is je misschien opgevallen dat bij de 1e, 2e en 3e persoon meervoud (wij, jullie, zij) het hele werkwoord wordt gebruikt. De regel is dus:

Voorbeeld: lopen		
1e persoon enkelvoud	de stam van het werkwoord	ik loop
2e persoon enkelvoud	de stam + t	jij loopt
3e persoon enkelvoud	de stam + t	hij loopt
1e persoon meervoud	het hele werkwoord	wij lopen
2e persoon meervoud	het hele werkwoord	jullie lopen
3e persoon meervoud	het hele werkwoord	zij lopen

Kijk nu naar het volgende:
- Je geeft hem geen cent!
- Geef je hem geen cent?
- Geef me eens een euro!

Wat valt je op? Juist: de t valt weg in een bevel, verzoek of vraag. De t valt ook weg als *je* achter het werkwoord staat, maar alleen als *je* in deze zin *jij* betekent.

Een zin met een bevel of verzoek, noemen we de gebiedende wijs. Nog een paar voorbeelden van de gebiedende wijs (mag ook zonder uitroepteken erachter):
- Loop naar de maan!
- Kom op, doe mee!
- Geef me een hand.
- Sla d'r op!
- Geef die schaal even door.

De regel:
Staat *je* achter het werkwoord en kun je er *jij* van maken, dan alleen de stam van het werkwoord gebruiken.
In de gebiedende wijs gebruik je alleen de stam van het werkwoord.

Maak de volgende opdracht om te oefenen met de werkwoorden. In de meeste gevallen levert het vervoegen van de werkwoorden geen problemen op.

Opdracht 1
Maak de volgende puzzel en vul de werkwoorden in:

Figuur 1.1
Werkwoordpuzzel.

W	(Zal ik je even de bult op .....?)
E	(Kom je ....?)
R	(Schreeuw niet zo, ik kan je hier ....!)
K	(Je moet je eten altijd goed ......)
W	(Wat kun jij .... als een mager speenvarken!)
O	(Zal ik de deur even voor u ......?)
O	(Je moet niet zo snel over iemand ....!)
R	(Kun jij .... wat de reis gaat kosten?)
D	(Je kunt wel ..... waar ik naar toe wil.)

Opdracht 2
Vervoeg de gevonden werkwoorden nu zoals in de voorbeelden is gedaan en maak er steeds een zinnetje mee. Dus:
- de vervoeging in de tegenwoordige tijd;
- de gebiedende wijs;
- de vragende vorm bij *jij*.

1.1.2

PERSOONSVORM

Sommige mensen denken dat de persoonsvorm iets met een persoon te maken heeft. Dat is niet zo. De persoonsvorm is heel kort gezegd: *het vervoegde werkwoord* in de zin.

Voorbeeld:
1   De apotheker *gaf* het drankje aan de cliënt.
2   Onze tandarts *zoekt* een nieuwe assistente.
3   De huisarts *heeft* vandaag geen spreekuur.

De cursief gedrukte woorden zijn persoonsvormen; het zijn de werkwoorden die vervoegd zijn.

Niet altijd staat er maar één persoonsvorm in een zin. Kijk maar:
- 'Wil jij even theezetten?', vroeg mijn zusje, terwijl ze haar jas ophing.

Zoek de drie persoonsvormen en zet er een streepje onder. Zie je ook dat tussen de stukjes van de zin steeds een komma staat?

Er zijn ook woorden binnen een zin die aangeven dat er eigenlijk een nieuw zinnetje begint:
- 'Ik vind je wel aardig hoor Carlos, *maar* mijn eigen Wim vind ik toch aardiger!'
- 'We gaan morgen naar een feest *en* daar komt Marco Borsato ook.'
- 'Het is herfst, *dus* koop ik een nieuwe trui voor de winter.'

Drie manieren om de persoonsvorm in een zin te vinden:
1   Je maakt de zin vragend; de persoonsvorm komt dan helemaal vooraan te staan.
2   Je zet de zin in een andere tijd; alleen de persoonsvorm verandert, de rest van de zin niet.
3   Je verandert het getal, dus: als de zin in het enkelvoud staat, maak je er meervoud van, of omgekeerd.

Zoek de persoonsvorm:	
1	De apotheker gaf het drankje aan de cliënt.
	Vragend: **Gaf** de apotheker het drankje aan de cliënt?
	Tijd: De apotheker **geeft** het drankje aan de cliënt.
	Getal: De apotheker**s gaven** het drankje aan de cliënt.
2	Onze tandarts vraagt een nieuwe assistente.
	Vragend: **Vraagt** onze tandarts een nieuwe assistente?
	Tijd: Onze tandarts **vroeg** een nieuwe assistente.
	Getal: Onze tandarts**en vragen** een nieuwe assistente.

3	De huisarts heeft vandaag geen spreekuur.
	Vragend: **Heeft** de huisarts vandaag geen spreekuur?
	Tijd: De huisarts **had** vandaag geen spreekuur.
	Getal: De huisarts**en hebben** vandaag geen spreekuur.

1.1.3

PERSOONSVORM EN ONDERWERP

Persoonsvorm en onderwerp zijn een hecht team. Je hebt al gezien dat je de persoonvorm op drie manieren kunt vinden. De derde mogelijkheid, waarbij je het getal verandert, geeft het verband aan tussen persoonsvorm en onderwerp.

Wat is het onderwerp?
Het onderwerp is het woord (of de woorden) in de zin dat ervoor zorgt (zorgen) dat de persoonsvorm op de juiste manier wordt vervoegd. Het is datgene of diegene die het *doet*.

Voorbeeld:
Onze leraar komt altijd op tijd in de les.
persoonsvorm: komt
Wie komt? Onze leraar
Onze leraar: onderwerp

Onze leraren komen altijd op tijd in de les.
persoonsvorm: komen
Wie komen? Onze leraren.
Onze leraren: onderwerp

Ander voorbeeld:
Dit boek willen wij voor Sinterklaas!
persoonsvorm: willen
Wie willen? wij
wij: onderwerp

Dit boek wil hij voor Sinterklaas!
persoonsvorm: wil
Wie wil? hij
hij: onderwerp

Nog een voorbeeld:
De dokter onderzocht het meisje.
persoonsvorm: onderzocht
Wie onderzocht? de dokter
de dokter: onderwerp

De dokters onderzochten het meisje.
persoonsvorm: onderzochten
Wie onderzochten? de dokters
de dokters: onderwerp.

> **De regel:**
> – Als je de persoonsvorm verandert in getal (van enkelvoud naar meervoud en omgekeerd) moet het onderwerp mee veranderen.
> – Je vindt het onderwerp door te vragen: Wie of wat? + de persoonsvorm.

Opdracht 3

Onderstreep in het volgende stukje tekst de persoonsvormen met rood en de onderwerpen met zwart:

'Vorige week woensdag ging ik met de fiets naar de stad; ik wilde eens kijken of er al leuke voorjaars- en zomerkleren te koop waren. Omdat het nog behoorlijk fris was, zette ik een muts op en deed ik mijn wanten aan. Toen ik wegging, scheen de zon nog een beetje, maar net toen ik op een open stuk reed, begon het me toch te waaien! Even later zat ik midden in een sneeuwstorm. Ik vraag je: een sneeuwstorm eind april: dat is toch niet normaal?! Toen ik verder bibberde op mijn fietsje, moest ik ineens aan de waarschuwende woorden van mijn moeder denken: "Aprilletje zoet, draagt nog wel eens een witte hoed!" Nou die hoed had ik letterlijk: mijn hele muts was wit van de sneeuw.'

1.1.4

PERSOONSVORM: TEGENWOORDIGE TIJD EN VERLEDEN TIJD

We spreken van de persoonsvorm *tegenwoordige tijd* wanneer het over het nu, het heden, gaat. Als dat het geval is, gebruik je de vervoeging van het werkwoord zoals we dat al hebben besproken.
Als je iets wilt vertellen of opschrijven dat al is gebeurd, dan gebruiken we de vervoeging van het werkwoord in de *verleden tijd*.

Ezelsbruggetje: in zinnen in de tegenwoordige tijd kun je het woordje 'nu' invoegen. In zinnen in de verleden tijd kun je het woordje 'gisteren' invoegen.

Voorbeelden:
– Ik ga (nu) naar de tandarts.
– Ik ging (gisteren) naar de tandarts.

1.1.5

STERK EN ZWAK

Bij de vervoeging van de werkwoorden in de verleden tijd, hebben we te maken met zogenoemde *sterke* en *zwakke* werkwoorden. Het kenmerk van de sterke werkwoorden is dat zij in de verleden tijd van klank veranderen. De zwakke werkwoorden doen dit niet.

Opdracht 4

Schrijf vijf sterke werkwoorden op de volgende manier op:

Sterke werkwoorden:		
1	lopen	liep	gelopen
2	slapen	sliep	geslapen
3			

4		
5		
6		
7		

De vervoeging van het sterke werkwoord in de verleden tijd levert geen problemen op:

Voorbeeld: lopen		
lopen	liep	gelopen
ik	liep	gelopen
jij/je/u	liep	gelopen
hij/zij/het/men	liep	gelopen
wij	liepen	gelopen
jullie	liepen	gelopen
zij	liepen	gelopen

Opdracht 5
Maak deze vervoegingen met de door jou genoemde sterke werkwoorden.

1.1.6

'T KOFSCHIP OF 'T FOKSCHAAP

Naast de sterke werkwoorden hebben we ook zwakke werkwoorden. Die zijn wat moeilijker in de verleden tijd. Je vervoegt het zwakke werkwoord in de verleden tijd door achter de stam: *de(n)* of *te(n)* te zetten. Om te weten welk van de twee mogelijkheden het moet zijn, is er het hulpmiddel 't kofschip uitgevonden. En 't fokschaap werkt precies hetzelfde.

Hoe werkt het?
Je neemt het hele werkwoord en haalt daar de laatste *en* vanaf. Als het woord dat je dan overhoudt, eindigt met een medeklinker uit **'t k** o **f s c h i p**, komt er achter dat woord *te(n)*.
Als het hele werkwoord zonder *en* eindigt op een andere letter, dan moet er *de(n)* achter komen.
Je moet wel altijd met het hele werkwoord beginnen en niet met de stam, want anders kan het fout gaan.

Voorbeeld:
branden: ik brandde

> De regel:
> - Sterke werkwoorden krijgen in de verleden tijd een klankverandering (gaan, ging).
> - Zwakke werkwoorden krijgen in de verleden tijd *de(n)* of *te(n)* achter het werkwoord zonder *en* (wandelen, wandelde).
> - Hulpmiddel: gebruik 't kofschip als je twijfelt en ga daarbij uit van het hele werkwoord.

Opdracht 6

Maak een verhaaltje van een half A4-tje voor een kind van ongeveer vijf jaar, waarin je uitlegt wat de tandarts gaat doen met dat ene tandje waar hij steeds zo'n pijn aan heeft. Schrijf het hele verhaal in de verleden tijd.

Bespreek het daarna met een van je klasgenoten. Controleer elkaars werk op spelfouten en probeer elkaar uit te leggen waarom iets fout is en wat het wel moet zijn.

1.1.7

INFINITIEF

Met de infinitief bedoelen we het hele werkwoord.

> **De regel:**
> Je gebruikt de infinitief in de 1e, 2e en 3e persoon meervoud.
> Je gebruikt het ook na een vervoeging van een van de volgende werkwoorden:
> – kunnen
> – mogen
> – moeten
> – zullen
> – willen
> en na het voorzetsel:
> – te.

Voorbeelden:
– Kun jij me even helpen?
– Ik mocht van mijn ouders niets kopen.
– Vandaag moeten wij veel leren.
– Zul je echt op tijd komen?
– Zij willen niet luisteren!
– Loop toch niet zo te zeuren.
– Het begon alweer te regenen.

Het maakt dus niet uit of de persoonsvorm in de tegenwoordige of verleden tijd staat.

1.1.8

VOLTOOID DEELWOORD, HULPWERKWOORD EN GEZEGDE

Het werkwoord kan ook op een andere manier in een zin worden gebruikt, namelijk als voltooid deelwoord. Het bijzondere van het voltooid deelwoord is dat het nooit alleen in de zin staat: er hoort altijd een ander werkwoord bij: het hulpwerkwoord. Het hulpwerkwoord is in dat geval de persoonsvorm en kan zowel in de tegenwoordige als in de verleden tijd voorkomen. Hulpwerkwoord en voltooid deelwoord samen noemen we het gezegde.

Er zijn werkwoorden die altijd een vorm van het hulpwerkwoord *hebben* bij zich hebben en er zijn werkwoorden die altijd een vorm van het hulpwerkwoord *zijn* bij zich hebben. Het hulpwerkwoord *worden* noemen we ook wel hulpwerkwoord van de lijdende vorm.

De meeste voltooid deelwoorden beginnen met het voorvoegsel *ge*.

Voorbeeld: voorvoegsel ge:		
hele werkwoord	verleden tijd	voltooid deelwoord
lopen	ik liep	ik heb gelopen
slaan	ik sloeg	ik heb geslagen
		ik ben geslagen door
komen	ik kwam	ik ben gekomen
landen	ik landde	ik ben geland
koken	ik kookte	ik heb gekookt

Bij sommige werkwoorden begint het voltooid deelwoord niet met *ge*:

erkennen	ik erkende	ik heb erkend
herhalen	ik herhaalde	ik heb herhaald

En bij andere werkwoorden staat *ge* in het midden:

opbellen	ik belde op	ik heb opgebeld
		ik ben opgebeld door
afrekenen	ik rekende af	ik heb afgerekend

Als je de voorbeelden goed bekijkt, zie je ook hoe het voltooid deelwoord kan eindigen:
– op een *d*, als de verleden tijd *de(n)* heeft: branden, brandde, gebrand.
– op een *t*, als de verleden tijd *te(n)* heeft: praten, praatte, gepraat.
– op *en*, als het om een sterk werkwoord gaat: lopen, liep, gelopen.

Wanneer je twijfelt, denk dan aan de verleden tijd. Je kunt dan *horen* hoe het moet.

Opdracht 7
Maak zinnen waarin je een hulpwerkwoord en een voltooid deelwoord gebruikt met de volgende werkwoorden:
1. telefoneren

_____

2. inlichten

_____

3. uitbruisen

_____

4. verpakken

_____

5. recepteren

_____

6. klaarleggen

_____

7. schrijven

_____

8. overhandigen

_____

9. onderzoeken

_____

10. voorbereiden

_____

Opdracht 8

Knip een (niet te klein) artikel uit de krant. Zoek de voltooid deelwoorden op en onderstreep ze. Het hulpwerkwoord dat erbij hoort, geef je een andere kleur. Op die manier leer je snel de voltooid deelwoorden herkennen.

De werkwoorden _hebben_ en _zijn_ – die meestal als hulpwerkwoorden worden gebruikt – kunnen ook als zelfstandig werkwoord gebruikt worden.

Voorbeeld hebben:
Hebben betekent hier hetzelfde als bezitten:
– Ik heb een fiets.
– U/jij hebt een auto.
– Zij/hij heeft een brommer.
– Wij hebben een huis.
– Jullie hebben drie kinderen.
– Zij hebben een boot.

Een veel gemaakte fout: hij/zij _heb_ twee appels. Dat moet natuurlijk zijn: hij/zij _heeft_ twee appels.

Voorbeeld zijn:
Zijn betekent hier een toestand of situatie waarin iemand zich bevindt:
– Ik ben de Bob!
– Jij/u bent erg doof.
– Hij/zij is verliefd.
– Wij zijn dolgelukkig!
– Jullie zijn aardige assistenten.
– Zij zijn de klos.

De regel:
De werkwoorden _kunnen_ en _kennen_ worden dikwijls verkeerd gebruikt. Het verschil tussen de twee woorden is als volgt:
– kunnen is _doen_.
– kennen is _weten_.

Vervoeging van het werkwoord kunnen:
Ik kan
Jij/u kunt
Hij/zij kan
Wij/jullie/zij kunnen

Vervoeging van het werkwoord kennen:
Ik ken
Jij/u kent
Hij/zij kent
Wij/jullie/zij kennen

Dus: *Kunt* u mij de weg naar Hamelen vertellen? En: *Ken* jij misschien iemand die goed kan injecteren?

De volgende zinnen zijn **fout**:
Ken u mij dit even uitleggen? Nee dat ken ik niet. Je ken dat toch wel aan mij geven?

Ook *liggen* en *leggen* zijn werkwoorden die dikwijls verkeerd gebruikt worden. Het verschil tussen de twee woorden is als volgt:
– Liggen is een *rust*; iemand/iets *ligt* ergens.
– Leggen is een *beweging*; iemand *legt* iets neer.

Voorbeelden:
– Ik *lig* lekker op het strand en hij *legt* zijn handdoek naast de mijne.
– Waar heb je de boodschappen *neergelegd*?
– *Legt* u het recept maar op de balie.

De volgende zinnen zijn **fout**:
Ik heb het daar neergelegen. Het boek legt op het kastje.

VOLTOOID DEELWOORD ANDERS GEBRUIKT

Je kunt het voltooid deelwoord ook nog anders gebruiken, namelijk als bijvoeglijk naamwoord of als tegenwoordig deelwoord. Een bijvoeglijk naamwoord zegt iets van een zelfstandig naamwoord.

Voorbeelden:
– De rode trui. Rode zegt iets van de trui (zelfstandig naamwoord); het geeft aan welke kleur die trui heeft.
– Een trui is meestal gebreid (is = persoonsvorm; gebreid = voltooid deelwoord); we spreken dus van de gebreide trui. Gebreide zegt ook iets van de trui en is dus ook een bijvoeglijk naamwoord. We zeggen dan dat het voltooid deelwoord bijvoeglijk gebruikt wordt. Let goed op: achter gebreid komt alleen maar een *e*!

Nog meer voorbeelden:
– Een huis wordt geschilderd; we spreken van het geschilderde huis.
– Ik heb een schoen opgevist; we spreken van de opgeviste schoen.
Maar:
– Ik heb de aardappels gebakken; de gebakken aardappels zijn koud.

> **De regel:**
> – Als het voltooid deelwoord bijvoeglijk wordt gebruikt, komt er achter het voltooid deelwoord alleen een *e*.
> – Wanneer het voltooid deelwoord op *en* eindigt, komt er niets achter.

Tot slot noemen we het tegenwoordig deelwoord. Daar kunnen we heel kort over zijn: dat eindigt altijd op een *d*.

Voorbeelden:
– Zingend kwam zij de kamer binnen.
– Juichend vertelde hij het goede nieuws.

> **De regel:**
> Het tegenwoordig deelwoord eindigt altijd op een *d*.

Opdracht 9

Maak van de volgende zinnen een zin waarin het voltooid deelwoord als bijvoeglijk naamwoord wordt gebruikt. Onderstreep eerst de persoonsvorm en het voltooid deelwoord in de zin. En maak dan de zin met het voltooid deelwoord.

Voorbeeld:
De schilder heeft mijn portret geschetst. Het geschetste portret werkt hij nu uit tot een schilderij.

1. In onze straat worden vier nieuwe huizen gebouwd.

_____

2. Ik heb voor de voorstelling van vanavond twee kaartjes besproken.

_____

3. De taart van de banketbakker was nog helemaal bevroren.

_____

4. Ik heb gisteren een pan met erwtensoep gekookt.

_____

5. De school is in het weekend helemaal afgebrand.

_____

6. Deze maat truien is helemaal uitverkocht.

_____

7. Kijk nou eens, je hebt mijn hele trui verprutst!

_____

8. De club is vanaf morgen gesloten.

9. Ik heb deze week zes uur overgewerkt.

Opdracht 10

Als je de theorie goed hebt geleerd, ben je nu een expert in de spelling van de werkwoorden. Maar zijn anderen ook zulke experts? Kijk deze week elke dag in krant en tijdschrift en knip alle spelfouten die je kunt vinden uit. Je zult zien dat het er veel zijn! Of: kijk in je woonplaats eens goed om je heen naar mededelingen, reclameborden enzovoort. Verzamel de spelfouten die je ziet, schrijf ze op. Je kunt er ook een foto van maken.

Enkele voorbeelden:
– Betaalt parkeren.
– De knop om de deur te openen bevind zich achter u.
– De minister onderhandeld over de nieuwe regelingen voor huursubsidie.
– Wij zijn verhuist!
– Als je iets anders wil!

1.1.10

STEL DE JUISTE VRAGEN

Als je twijfelt over de juiste schrijfwijze van het werkwoord, kun je dit stappenplan gebruiken.
1. Is het een persoonsvorm? Zo ja, staat de persoonsvorm in de tegenwoordige tijd?

enkelvoud	meervoud
1e persoon = stam	1e persoon = hele werkwoord
2e persoon = stam + t	2e persoon = hele werkwoord
3e persoon = stam + t	3e persoon = hele werkwoord
jij/je achter persoonvorm	alleen de stam
gebiedende wijs	alleen de stam

2. Staat de persoonsvorm in de verleden tijd?

	sterk werkwoord	zwak werkwoord
enkelvoud	klankverandering	stam + te ('t kofschip) stam + de
meervoud	klankverandering + en	stam + ten ('t kofschip) stam + den

3. Is de persoonsvorm een hulpwerkwoord (hebben, zijn, worden)? Zo ja, zoek het voltooid deelwoord dat erbij hoort.
4. Is het voltooid deelwoord afgeleid van een sterk werkwoord (klankverandering)? Zo ja, voltooid deelwoord eindigt op *en*.
5. Is het voltooid deelwoord afgeleid van een zwak werkwoord? Zo ja, als de stam eindigt op *d*, dan eindigt voltooid deelwoord op *d*. Als de stam eindigt op *t*, dan eindigt voltooid deelwoord op *t*.

6. Staat het voltooid deelwoord bij een zelfstandig naamwoord? Zo ja, als het voltooid deelwoord eindigt op *d*, dan *e* toevoegen. Eindigt het op *t*, dan *e* toevoegen. Eindigt het op *en*, dan laat je het zo staan.
7. Is het een tegenwoordig deelwoord? Zo ja, dan eindigt het altijd op *d*.

1.2

Het zelfstandig naamwoord

1.2.1

ALGEMEEN

Een zelfstandig naamwoord is een woord waar je een lidwoord voor kunt zetten. Er zijn drie lidwoorden: de, het, een. Maar zelfstandige naamwoorden kunnen ook zonder lidwoord gebruikt worden.
Zelfstandige naamwoorden kunnen in het enkelvoud en het meervoud voorkomen en meestal kun je er een verkleinwoord van maken.

Voorbeeld:
De jongen en het meisje gingen samen naar de club. Jongens en meisjes zitten samen in één groep. Het meisje was groter dan het jongetje.

Er bestaan ook woorden die uitsluitend in het enkelvoud of meervoud bestaan, bijvoorbeeld: thee en koffie (alleen enkelvoud) en hersenen (alleen meervoud).

Als je twijfelt over de juiste schrijfwijze van een woord, zoek het dan even in een woordenboek op. Gebruik dan wel de nieuwste uitgave.

1.2.2

MEERVOUD

Om het meervoud van een zelfstandig naamwoord te vormen zet je meestal *s* of *en* achter het woord.
Uitzonderingen:
1 Bij woorden die eindigen met één klinker die je als een lange klinker moet uit- spreken, schrijf je 's, dus: piano's, radio's, pyjama's, hyena's. Zou je de *s* aan het woord vastschrijven, dan zou je het verkeerd kunnen uitspreken.
2 Bij woorden als, bus, mus, bak en dergelijke, die een korte klank hebben, moet je de laatste medeklinker verdubbelen voordat je er *en* achterzet. Doe je dat niet, dan zou je het woord verkeerd uitspreken. Dus: bus-bussen, mus-mussen, bak-bakken.
3 Bij woorden met twee klinkers, valt er één klinker weg als er maar één medeklinker achter staat, dus: haak-haken, taak-taken, beek-beken, strook-stroken, modeblad-modebladen.
4 Bij woorden met een *f* aan het eind, verandert de *f* meestal in een *v*. Dus: duif-duiven, kluif-kluiven, raaf-raven, schaaf-schaven. Maar pas op: bij woorden die uit een andere taal zijn afgeleid, blijft de *f* staan: paragraaf-paragrafen, fotograaf-fotografen.
5 Bij woorden die eindigen op een *s* verandert de *s* soms in een *z* en soms niet, dus: roos-rozen, pluis-pluizen, haas-hazen maar ook: paus-pausen, dans-dansen, kans-kansen. Als je niet zeker bent, zoek je het even op in een woordenboek of in de spellingscontrole op de computer.
6 Bij woorden die op *ee* eindigen, komt er in het meervoud *ën* achter, dus: zee-zeeën, fee-feeën.

7   Bij woorden die op *ie* eindigen, moet je goed opletten: valt de klemtoon op de laatste lettergreep, dan krijgt het meervoud *ën* erachter. Valt de klemtoon niet op de laatste lettergreep, dan komt er alleen een *n* achter en zet je op de *e* een trema: ë. Op de computer is dit ALT137.
- dus: klemtoon op de laatste lettergreep: sympathie-sympathieën, allergie-allergieën, knie-knieën.
- klemtoon niet op de laatste lettergreep: olie-oliën, porie-poriën.

8   Bij woorden die op *ik* eindigen en waarbij de klemtoon niet op de laatste lettergreep valt, komt *en* achter het woord, dus: perzik-perziken, monnik-monniken, havik-haviken. Als de klemtoon wel op de laatste lettergreep valt, komt er *ken* achter: ik-ikken.

9   Sommige woorden hebben een meervoud dat wordt gevormd door er *eren* achter te zetten: kind-kinderen, blad-bladeren.

10 Bij woorden die op *cus* eindigen en uit een andere taal afkomstig zijn, wordt in het meervoud *cus* varanderd in *ci*, dus: musicus-musici, technicus-technici. (Uitzondering: crocus-crocussen!)

11 Ten slotte hebben we de woorden die op *um* eindigen. Ook deze woorden vinden hun oorsprong in een andere taal. Deze woorden vormen het meervoud door *um* te veranderen in *a*, maar *ums* is tegenwoordig ook vaak toegestaan, dus: museum-musea (ook museums), datum-data (ook datums).

Opdracht 11

Zet de volgende woorden in het meervoud:
afspraak
aspirine
bijsluiter
categorie
cofferdam
dispenser
emulsiecrème
hamerteen
hartkamer
implantaat
inhaler
Kombirom
laboratorium
loodschort
luis
meniscus
mondhygiëniste
mortier
pincet
pipet
protocol
reisadvies
röntgenfoto
simulator
sonde

sterilisator
stethoscoop
tandpasta
wig

Ken je de betekenis van alle woorden? Ze hebben allemaal iets met de praktijk van apothekersassistent, doktersassistent en tandartsassistent te maken. Als je de betekenis niet kent, vraag het dan of zoek het op!

1.2.3

VERKLEINWOORD

Als we aan willen geven dat iets klein is, maken we van een zelfstandig naamwoord een verkleinwoord, dus hond-hondje, kind-kindje, huis-huisje.

> **De regel:**
> Je maakt het verkleinwoord door *je* achter het zelfstandig naamwoord te zetten.

Ook hier bestaan weer uitzonderingen op de regel:

1 Bij zelfstandige naamwoorden met een korte klinker, gevolgd door de letter: m, n, ng, l of r, moet je de laatste letter verdubbelen en *etje* erachter zetten. Dus: dam-dammetje, pan-pannetje, wang-wangetje, val-valletje, bar-barretje.

2 Bij zelfstandige naamwoorden die eindigen op *ing* en waarbij de klemtoon valt op de voorlaatste lettergreep, verandert de g in k, gevolgd door *je*, dus: woning-woninkje, koning-koninkje, buiging-buiginkje.

3 Bij zelfstandige naamwoorden die eindigen op l, n, r of w, maar die niet worden voorafgegaan door een korte klinker, komt er *tje* achter het woord, dus: maal-maaltje, baan-baantje, koor-koortje, leeuw-leeuwtje.

4 Bij zelfstandige naamwoorden die eindigen op m, maar die niet worden voorafgegaan door een korte klinker, zetten we *pje* achter het woord: bloem-bloempje (ook: bloemetje), droom-droompje.

5 Bij zelfstandige naamwoorden die op een lange klinker eindigen, verdubbel je de laatste letter en zet er *tje* achter. Dit moet je doen om ervoor te zorgen dat het woord goed wordt uitgesproken. Dus: stro-strootje, villa-villaatje.

6 Na een afkorting schrijf je meestal *je* of *tje*. Dus: sms'je of havo'tje, A4'tje.

1.2.4

SAMENSTELLINGEN

Een samenstelling is een woord dat bestaat uit twee (of meer) woorden die ieder apart ook een woord zijn.

Voorbeelden:	
deur + knop	deurknop
huis + sleutel	huissleutel
regen + jas	regenjas

Maar er zijn ook woorden waar wat tussen moet om een nieuw woord te kunnen vormen.

De tussenletter n

De algemene regel:

Je moet de tussenletter n altijd schrijven als het eerste deel van de samenstelling een zelfstandig naamwoord is dat uitsluitend een meervoud op (e)n heeft. Dus: bessensap, boerendochter, boekenbon, zakenreis, pannenkoek, kippenhok, perenboom, huizenmarkt.

Je moet de tussenletter n ook schrijven wanneer het eerste deel de vrouwelijke vorm is van een mannelijk woord met een zogenaamde toonloze /e/ achter het grondwoord. Klinkt ingewikkeld, maar valt toch wel mee:

| agent | agente | agentenuniformrok |
| student | studente | studentenmeisjeshuis |

De tussenletter n staat er ook als het eerste deel een zelfstandig naamwoord is dat niet op een toonloze /e/ eindigt en een meervoud heeft dat zowel op en en s kan eindigen:

| ambtenaar | ambtenaren/ambtenaars | ambtenarenstaking |
| directeur | directeuren/directeurs | directeurenoverleg |

Samenstellingen waarvan het eerste deel altijd al op en eindigde, blijven natuurlijk die en houden: goudenregen, havenmeester, rekentoets.

Deze regel van de tussenletter n in samenstellingen kent vier uitzonderingen. Als

1 het eerste deel verwijst naar een persoon of zaak die in de tekst enig is in zijn soort, dus: Koninginnedag (als het over koningin Beatrix gaat bijvoorbeeld), maneschijn (ons zonnestelsel heeft een maan), zonneschijn (wij kennen een zon), Onze Lieve Vrouwekerk (hiermee wordt Maria, de moeder van Christus bedoeld). Maar pas op: je schrijft wel: koninginnensoep, omdat daar niet één bepaalde koningin mee wordt bedoeld.

2 het eerste deel een versterking is van het tweede deel. Het tweede deel is in dat geval een bijvoeglijk naamwoord, dus: beregoed, apetrots, stekeblind.

3 het eerste deel een lichaamsdeel is en het hele woord een zogenaamde 'versteende samenstelling', dus kakebeen, kinnebak.

4 een van de delen niet (meer) herkenbaar is als afzonderlijk woord in de oorspronkelijke betekenis: apekool, schattebout, hobbezak.

In alle andere gevallen schrijf je geen n, bijvoorbeeld in samenstellingen waarbij:

1 het eerste deel een zelfstandig naamwoord is dat geen meervoud heeft: tarwebrood, rijstevlaai.

2 het eerste deel een zelfstandig naamwoord is dat alleen een meervoud op s heeft: aspergesoep, horlogewinkel.

3 het eerste deel een zelfstandig naamwoord is dat op een toonloze /e/ eindigt en een meervoud met en en s heeft:

| secretaresse | secretaressen/secretaresses | secretaressebijeenkomst |
| gesteente | gesteenten/gesteentes | gesteentelaag |

4 het eerste deel een bijvoeglijk naamwoord is: armelui, rodekool, goedemorgen.

5 het eerste deel een werkwoord is: dwingeland, spinnewiel, drinkebroer (maar: spinnenweb!).

De tussenletter s

– De tussenletter s schrijf je natuurlijk als je hem hoort: koningskind, verbindings-officier, stadsplattegrond.
– Je schrijft hem ook als het tweede deel met een zogenaamde sisklank begint (dat kan een s of een z zijn) en je bij andere samenstellingen ook een s zou schrijven. Voorbeeld: je schrijft 'bruidsjapon', dus schrijf je ook 'bruidssuiker'; je schrijft 'liefdesverdriet', dus schrijf je ook 'liefdesscène'; je schrijft: stationsplein, dus schrijf je ook 'stationsstraat'.
– De tussenletter s is soms wat onduidelijk: de één zegt bijvoorbeeld geluidhinder en de ander: geluidshinder. Het mag allebei.

Opdracht 12

Maak van de volgende woordparen samenstellingen:		
consument	gids	
patiënt	bijsluiter	
bloeding	tijd	
uitgang	punt	
apotheker	drop	
gezondheid	zorg	
sponsor	beleid	
kamille	thee	
paard	kastanje	
gebit	element	
arbeid	omstandigheden	
kost	beheersing	
schoonheid	specialist	
nascholing	activiteit	

1.3

Wat moet je nog meer weten?

1.3.1

LEESTEKENS

Leestekens zorgen ervoor dat de tekst goed gelezen kan worden. Er zijn mensen die weinig of geen leestekens gebruiken, waardoor een tekst praktisch onleesbaar kan worden. Leestekens zijn vooral erg belangrijk in een contract of in een verzeke-ringspolis. Maar ook in brieven en verslagen zorgen leestekens ervoor dat de tekst, juist als het erop aankomt, goed kan worden begrepen.

1 De punt. Je beëindigt een zin met een punt. Je gebruikt een punt ook in afkortin-gen: drs., n.a.v., bijv..
2 De dubbele punt. Met de dubbele punt geef je aan dat er een opsomming komt. Wil je de volgende zaken voor me bestellen: 20 doosjes aspirine, 50 flesjes muggenolie, 70 pakjes druivensuiker. Of dat er een nadere uitleg volgt. Het gaat zo regenen: er hangen allemaal donkere wolken. Of dat er een citaat volgt (een citaat is een letterlijke weergave van wat is gezegd): Ze zei: 'Ik wil je nooit meer zien!'
3 De komma. Met een komma geef je aan dat een zin nog niet is afgelopen. Je zou het een rust- of ademhalingspauze in de zin kunnen noemen.
    – Voorbeeld: Er was eens een lief meisje dat altijd een rood mutsje droeg, daarom werd ze geen Liesje maar Roodkapje genoemd. Op een morgen, het was midden in de zomer, ging Roodkapje naar haar Oma.

– Je gebruikt de komma ook in een opsomming: Op mijn verjaardag kreeg ik: twee truien, een paar Nikes, een flesje parfum en een spannend boek.
– Tussen twee persoonsvormen van een werkwoord kun je ook beter een komma gebruiken, dat bevordert het leesgemak. Voorbeeld: We eten, kom je ook?

4 De puntkomma. Deze gebruik je om aan te geven dat het tweede gedeelte van een zin nauw samenhangt met het eerste. Voorbeeld: Vertel de patiënt geen onzin; zeg alleen dingen die je zeker weet. De puntkomma wordt ook gebruikt als afsluiting van de delen van een opsomming.

5 Aanhalingstekens. Als je letterlijk wilt weergeven wat iemand heeft gezegd, gebruik je aanhalingstekens. Je citeert: 'Goedemorgen,' zei de assistente, 'wat kan ik voor u doen?' Soms gebruik je aanhalingstekens om een nieuw begrip te introduceren: In deze les komt het begrip 'arbeidsongeschiktheid' aan de orde.

6 Het vraagteken. Daar kunnen we kort over zijn: het vraagteken staat aan het eind van een vragende zin.

7 Het uitroepteken. Dit teken gebruik je om je zin extra kracht bij te zetten of om aan te geven dat je iets roept. Voorbeeld: Nee, ik ga niet mee!

Figuur 1.2
Spraak-
verwarring.

1.3.2

SPELLINGSTEKENS

Bij het schrijven hanteren we allerlei spellingstekens om het lezen te vergemakkelijken of ervoor te zorgen dat een woord goed uitgesproken wordt.

1 Hoofdletter
Een hoofdletter wordt veel gebruikt:
– Natuurlijk schrijf je een hoofdletter aan het begin van de zin.
– In principe krijgen alle namen een hoofdletter: God, Allah, de Koningin, Hare Majesteit, Jan de Vries, mevrouw A. Groenhuis-Berentsen, de heer De Vries.
– Ook aardrijkskundige namen, namen van hemellichamen en namen van gebouwen krijgen een hoofdletter: Zaandam, Haarlemmerstraat, Venus, het Concertgebouw.

- Namen van talen en dialecten krijgen ook een hoofdletter: Nederlands, Frans, Fries.
- Je moet ook een hoofdletter schrijven als het om namen van feestdagen, tijdperken en historische gebeurtenissen gaat: Kerstmis, Pasen, de Tweede Wereldoorlog. Maar let op: het is kerstkrans, hemelvaartsdag en middeleeuwen.
- Namen van organen, instellingen, verenigingen enzovoort krijgen ook een hoofdletter: Verenigde Naties, Universiteit van Amsterdam, de NV Nederlandse Spoorwegen. Schrijf ook: Benelux, PvdA, KRO.

2 Verbindingsstreepje

Soms moet je een streepje tussen twee woorddelen schrijven:

- In samenstellingen met gelijkwaardige delen zoals: dichter-schrijver, Zaandam-Zuid, groen-geel. Maar: woon-werkverkeer, want hier laat je in feite een stukje woord weg; het gaat om woonverkeer en werkverkeer.
- Als je een voorvoegsel gebruikt dat eigenlijk een eenheid met het tweede deel van het woord vormt: ex-vriend, Sint-Nicolaas, minister-president, directeur-eigenaar.
- Als je een woord verkeerd zou kunnen uitspreken omdat het eerste deel eindigt met een klinker, en het tweede deel begint ook met een klinker en dat voor verwarring zou kunnen zorgen: stage-ervaring, auto-ongeluk, mede-eigenaar. Maar: autoalarm; hier geeft de opeenvolging van een *a* en een *o* geen problemen in de uitspraak.
- Bij samengestelde aardrijkskundige namen: Oost-Nederland, Zuid-Beveland, Noord-Hollandse.

3 Trema

Het trema gebruiken we om een woord beter uit te kunnen spreken.

- Als je bijvoorbeeld het woord reünie zonder trema zou schrijven krijg je: reunie. Dus je schrijft: conciërge, coördinator, poëzie
- De volgende woorden – die uit een andere taal komen – schrijf je echter zonder trema: opticien, museum, mecanicien.
- Omdat je woorden als: truien, officieel, haaien, glooiing niet verkeerd *kunt* uitspreken, krijgen ze geen trema.
- Bij samenstellingen, zoals zee-egel of na-apen, gebruik je een streepje.

4 Apostrof

De apostrof wordt gebruikt als je een stukje woord wilt weglaten:

- Jan's schoenen betekent: Jan zijn schoenen. 's-Hertogenbosch: dit is een oude naamvalsvorm, eigenlijk zou het moeten zijn: des Hertogen bosch. Hetzelfde geldt voor 's middags: des middags. Maar dat schrijven we niet meer zo, want we gebruiken geen naamvallen meer in het Nederlands.
- Je schrijft een apostrof ook bij meervoudsvormen als: boa's, auto's. baby's.

1.3.3

AFBREEKREGELS

Soms krijg je een woord net niet op een regel. In zo'n geval kun je het hele woord op een volgende regel zetten, maar je kunt een woord ook afbreken. Dan gelden er wel bepaalde regels:

- Je kunt een samenstelling afbreken tussen de twee woorden: deur-knop; honden-hok.
- Je kunt ook afbreken tussen twee medeklinkers: zit-ten, dan-sen, konin-gin.
- Als je wilt afbreken tussen een klinker en een medeklinker, breek je vóór de medeklinker af: langsla-per, ho-ningbij, wasknij-per.

Op de computer kies je er meestal voor om de woorden niet af te breken. Dit kun je ook automatisch instellen in het tekstverwerkingsprogramma.

Opdracht 13

In het volgende stukje tekst zijn alle regels op het gebied van leestekens, spellingstekens en afbreekregels aan hun laars gelapt. Verbeter de fouten en schrijf daarvoor
het hele stuk over.

hebt u dat nou ook de vorige week moest ik voor mijn halfjaarlijkse controle naar
de tandarts naar shertogenbosch nou heb ik een hele aardige tandarts hoor maar
die man praat zoveel hebt u dat nou ook je komt binnen geeft hem een hand hij
geeft je een naar rubber ruikende hand zijn ogen glin steren achter zijn bril-
lenglazen volgens mij verheugt hij zich al op het slagveld dat hij hoopt aan te
treffen achter zijn mondkapje mompelt hij iets van welkom zijn assistente
rommelt wat in de hoek ik ga zitten en zak meteen een meter naar beneden en
val naar achteren mijn hoofd ligt lager dan mijn benen er wordt een sterk licht
op mijn hoofd gericht een echt spotlight braaf doe ik mijn mond haast automatisch open hoe gaat het met u lang niet gezien zegt de tandarts ik kan
natuurlijk helemaal niets zeggen hij wurmt wat met zijn sonde tussen mijn
tanden en kiezen ha daar heeft hij beet rechts onder mesiaal of zoiets bromt hij
naar de assistente meteen grijpt hij naar zijn speelgoedje de boor iiiieeeng
iiiieeeng snerpt het in mijn mond ondertussen vraagt hij of ik dit jaar ook weer
naar italie ga snapt hij niet dat dit zo niet werkt nadat het boren is verstomd kan
ik eindelijk zeggen met mij gaat het nu gelukkig weer prima en ja ik ga dit jaar
fijn weer naar toscane

Figuur 1.3
Voutje?

Bron: NRC-Han-
delsblad, 27 no-
vember 2003.

Grapje

IK@NRC.NL

Voutje

Mijn zoon uit groep 5 schrijft al
aardig maar maakt nog enkele fouten in de spelling. Op zijn rapport
noteerde de juffrouw: „Soms ver-
wisseld hij de t/d."

Ook voor een lerares van alloch-
tone afkomst vallen de Nederlandse spellingsregels niet mee. Gelukkig schrijft ze in het volgend rapport: „Met de dictees gaat het nu
stukker beter."

Dit jaar bespraken we het nieuwe rapport met de frisse Nederlandse juffrouw uit groep 6. Onder
het kopje schriftelijke taalontwik-
keling staat nu: „Spelling is lastig.
Dit houden we in de gate."

TWAN BELGERS

*Bijdragen van lezers zijn welkom via
een formulier op www.nrc.nl/ik*

Conclusie

Taal is aan een heleboel regels gebonden. Deze regels zijn er niet om ons dwars te
zitten – ook al zou je dat soms denken – maar om te voorkomen dat wat wij willen
zeggen en schrijven onbegrijpelijk wordt. Wanneer je duidelijk onder woorden brengt
wat je wilt meedelen, zullen je woorden slechts voor één uitleg vatbaar zijn. Je begrijpt
dat dit voor schriftelijk taalgebruik nog belangrijker is dan voor mondeling taalgebruik. Als je met iemand praat, kun je altijd nog extra uitleg geven of erom vragen als
je iets niet begrijpt.

Ten slotte: Zou jij op deze advertentie hebben gereageerd? Kruis de fouten aan:

> Ik ben een j.gescheide man van 38 jr. Zoekt langs deze weg een lieve vrouw om met mijn het lief en leed te delen. Br.met foto ond.nr _____

Regels moet je leren; je hebt ze meestal niet van de ene dag op de andere onder de knie. Je leert ze het best door vaak te oefenen en je te realiseren waar je mee bezig bent. Als je twijfelt, zoek je de regel even op in dit boek.

Tip
Een goed hulpmiddel bij het leren van de spellingsregels is het computerprogramma *Muiswerk*. Je kunt het thuis gebruiken en oefeningen doen voor onder meer spelling, werkwoorden, leestekens en samenstellingen. Vraag je docent of de school dit programma heeft of wil aanschaffen.

Muiswerk Educatief
Hornweg 271
1432 GL Aalsmeer
http://www.muiswerk.nl

Luistertoets

'Ik kan het niet lezen!'
Luister naar de toets bij hoofdstuk 1 op de cd-rom.
1 Waarom heeft Sanju vaak problemen met getypte recepten?
2 Wat betekent 'door de bomen het bos niet meer zien'?
3 Wat betekent de afkorting a.c.?
4 Heeft de afkorting u.i. iets met uien te maken?
5 Wat bedoelt Sanju met 'hocus pocus'?
6 Uit welke taal is het woord 'cervix' afkomstig?
7 Is herpes labialis een ander woord voor geslachtsziekte?
8 Wat betekent de zin: 'Kom svp snel ivm spoedoverleg van de o.r. over het functioneren van het mt'?
9 Wat is verhaspelen?
10 Wat klopt er niet aan de term 'postanale depressie'?

Stijl of geen stijl; dat is de vraag!

Inleiding

- 'Dat is geen stijl!', zei mijn zusje, toen haar vriendin zich niet aan de afspraak hield.
- Het feest werd helemaal in stijl gegeven: alle gasten zagen er feestelijk gekleed uit, de zaal was schitterend versierd en het diner bestond uit vijf gangen.

Dit zijn twee voorbeelden van het gebruik van het woord stijl. Met stijl bedoelen we in dit geval aanpak of manier van doen. Ook in ons taalgebruik houden we rekening met wat je wel of niet kunt zeggen en schrijven:
- Als je iemand zakelijk of privé voor het eerst ontmoet, kun je hem niet direct met Jij aanspreken.
- Een baliegesprek kun je bijvoorbeeld beginnen met: 'Goedemorgen mevrouw, waarmee kan ik u helpen?' Maar nooit met: 'Hallo, zeg het maar!'
- Wanneer je als assistent een brief aan een patiënt moet schrijven, gebruik je andere woorden dan wanneer je een gezellige brief aan je vriend of vriendin schrijft.

Daarover gaat dit hoofdstuk.

2.1

Onoverzichtelijke zinnen

Zinnen worden onoverzichtelijk als ze te lang zijn. Je raakt makkelijk de draad kwijt, waardoor de zin of niet goed te begrijpen is of grammaticaal niet klopt. Waardoor wordt een zin onoverzichtelijk? Doordat je:
1 dingen die bij elkaar horen, te ver uit elkaar zet;
2 te veel mededelingen in één zin wilt doen.

Opdracht 14
Verbeter dit voorbeeld van 1:
Ik heb, toen ik hoorde dat ze weer ziek was, haar opgebeld.

Verbeter dit voorbeeld van 2:
U hebt mij op 14 maart jl. opgebeld met de mededeling dat uw verwarming nog steeds niet in orde is na onze laatste reparatie, waardoor er nog steeds water lekt uit de radiator en u elke dag water moet bij vullen, wat u erg lastig vindt en wat wij ook wel kunnen begrijpen en daarom zullen wij op 22 maart tussen 9.00 en 12.00 uur langskomen om het mankement te verhelpen.
Maak van deze lange zin een aantal korte zinnen.

2.2

Ontspoorde zinnen

Een zin die te lang en te ingewikkeld is, noemen we een ontspoorde zin. De zinsbouw klopt dan niet meer en de zin wordt grammaticaal fout.

Fout voorbeeld:
Mijn broertje reed op zaterdag, hij had toen net zijn rijbewijs gehaald, knalde hij tegen een stoeprand aan en beschadigde een auto.

Beter is:
Mijn broertje knalde zaterdag tegen een stoeprand aan en beschadigde een auto. Hij had net zijn rijbewijs gehaald.
of:
Mijn broertje dat net zijn rijbewijs had gehaald, knalde zaterdag tegen een stoeprand en beschadigde een auto.

2.3

Zinnen met een beknopte bijzin

Een bijzin is een zin in een zin. Een kenmerk van een bijzin is dat de persoonsvorm altijd achteraan staat.

Voorbeeld:
Het meisje, dat daar loopt, is mijn vriendin.
We noemen *dat daar loopt* een bijvoeglijke bijzin, omdat het iets vertelt over het meisje.

Nog een voorbeeld:
Als je weer te laat komt, word je niet meer toegelaten tot de les.
Als je weer te laat komt, is een bijzin van tijd (het geeft een bepaald moment aan) en de persoonsvorm staat weer achteraan. Je kunt deze bijzin ook vervangen door bijvoorbeeld het woordje *dan*.

In een beknopte bijzin staat geen persoonsvorm en geen onderwerp. Er zijn drie soorten beknopte bijzinnen:
1 met te + infinitief: Na te hebben geslapen, was ik weer zo fit als een hoentje.
2 met een voltooid deelwoord: Door deze tegenslag uit het lood geslagen, had Piet er helemaal geen zin meer in.
3 met een tegenwoordig deelwoord: Gillend en krijsend, renden ze de klas uit.

Als je de beknopte bijzinnen in de voorbeelden volledig wilt maken, moet je een onderwerp zoeken dat naar dezelfde persoon of zaak verwijst als het onderwerp in de hoofdzin.
1 Nadat ik had geslapen, was ik weer zo fit als een hoentje.

2 Doordat hij door deze tegenslag uit het lood geslagen was, had Piet er helemaal geen zin meer in.

3 Terwijl ze gilden en krijsten, renden ze de klas uit.

Zoek de **fout** in: Luid zingend bracht de bus de kinderen naar huis.

Opdracht 15
Haal de **fouten** uit de volgende zinnen en maak er goed lopende zinnen van.

1 Toen ik aan de balie stond kwam er, terwijl ik net een recept stond te controleren, een mevrouw binnen met een vraag over aambeien.

2 Na te zijn gesteriliseerd legde ze de instrumenten in de kast.

3 Men stelde vast dat tandsteenafzetting altijd voorafgegaan wordt door plaque en dat deze kalkachtige substantie, onder meer bestaande uit brushiet, calciumfosfaat en hydroxylapatiet, in feite niets minder is dan een gemineraliseerde plaque al dan niet bedekt met een laagje micro-organismen.

4 Kunt u mij zeggen, nu ik u toch zie, u vindt het toch niet erg hè dat ik u zomaar aanspreek maar ik denk er nu net even aan, is die uitslag van de zwangerschapstest positief?

5 Volledig in de war voerde ze de recepten in de computer in.

2.4

Samentrekking en inversie

Samentrekking kan het vlot verlopen van een zin bevorderen. Wanneer je, kort na elkaar, hetzelfde woord zou moeten gebruiken, kun je het meestal één keer weglaten.

Voorbeelden:
- Ik ga naar huis en (ik) zet een pot thee.
- De verkoopster rekende het cadeautje af en (de verkoopster) pakte het mooi in.

Om twee zinnen samen te kunnen trekken, moeten de samengetrokken delen gelijk zijn in:

1 Betekenis. Goede samentrekking: Ik bouw een nieuw huis en een grote garage. **Foute** samentrekking: Ik zet even koffie en de kat buiten. Het werkwoord *zetten* heeft in de zin koffie zetten een andere betekenis dan de kat buiten zetten.

2 Grammaticale functie. Goed: Ik geef hem zijn jas en vraag een lift met zijn auto. In deze zin is *hem* (de tweede keer dus weggelaten) beide keren een meewerkend voorwerp. **Fout**: Ik ben ziek en naar huis gegaan. In het eerste gedeelte is de persoonsvorm *ben* het hoofdwerkwoord en in het tweede gedeelte een hulpwerkwoord; dan mag het dus niet weggelaten worden.

Inversie is een ander woord voor omkering. De gebruikelijke woordvolgorde in een zin is: onderwerp-persoonsvorm-de rest van de zin. Dus: Wij werken bij een filiaal van Albert Heijn, we vullen er de vakken.

Als je de zin vragend maakt, draai je onderwerp en persoonsvorm om; in dat geval spreken we van inversie. Dus: Hij gaat met me mee naar de stad. Gaat hij met me mee naar de stad?

Er is nog een ander geval waarbij je inversie mag toepassen, namelijk als de zin met een ander zinsdeel dan het onderwerp begint.

Voorbeelden:
- Vandaag gaat hij met me mee naar de stad.

– Hem bedoel ik nu!
– Haar heb ik mijn nieuwe cd geleend.

2.5

Incongruentie

Incongruentie betekent ongelijkvormigheid. Een vierkant en een driehoek bijvoorbeeld hebben niet dezelfde vorm: ze zijn incongruent. In taal hoort geen incongruentie voor te komen.

1. Incongruentie in *onderwerp-persoonsvorm*

Je weet dat als het onderwerp in het enkelvoud staat, je de persoonsvorm ook in het enkelvoud moet zetten. De vormen zijn dan congruent (gelijkvormig) aan elkaar.

Voorbeeld: De leerling kwam de klas binnen.	
onderwerp	de leerling (enkelvoud)
persoonvorm	kwam (enkelvoud)

Maar in: 'Er kwamen een hele zwerm vliegen voorbij.' is wel sprake van incongruentie, want onderwerp en persoonsvorm zijn incongruent aan elkaar.

onderwerp	een hele zwerm vliegen (enkelvoud)
persoonsvorm	kwamen (meervoud)

Je kunt nu denken dat het toch om heel veel vliegen gaat, dus zeker meervoud! Maar het woord wat het aantal vliegen beschrijft – zwerm – staat in het enkelvoud. En dus moet de persoonsvorm ook in het enkelvoud.

Nog een **fout** voorbeeld dat heel vaak voorkomt:
Een aantal supporters werden verwijderd. Waarom is deze zin niet goed? Omdat 'een aantal' enkelvoud is, en dus moet het zijn: een aantal supporters werd verwijderd.

2. Incongruentie in *voornaamwoorden*

Als je in een zin verwijst naar een ander woord (met een voornaamwoord), moet je rekening houden met het zelfstandig naamwoord waarnaar je verwijst. Je hebt onder meer de volgende voornaamwoorden:
– persoonlijke voornaamwoorden: ik, jij, je, hij enzovoort.
– bezittelijke voornaamwoorden: mijn, jouw, zijn, ons enzovoort.
– aanwijzende voornaamwoorden: die, dat, hier, daar.

Voorbeelden:
– Het meisje *dat* in de wachtkamer zit, is vreselijk zenuwachtig.
– De man *die* net een nieuwe kunstheup heeft, kan nog niet goed lopen.
– Geef die mevrouw even *haar* medicijnen aan.
– De tandarts is op weg naar *zijn* praktijk.
– De assistente zocht de röntgenfoto, *die* lag op de balie.

Opdracht 16

Verbeter de volgende zinnen en probeer in gedachten aan iemand anders uit te leggen waarom de zinnen **fout** zijn.
1 De hele stapel dozen stonden in de gang en moesten we ze opruimen.
2 Zij heeft het recept afgeleverd en daarna naar huis gegaan.
3 Een recordaantal mensen willen van het roken af.

4 Oudere mensen gebruiken vaak veel medicijnen, maar vergeten zij ook dikwijls op tijd in te nemen.

5 Een doos pleisters werden afgeleverd door OPG.

6 Voordat hij dit medicijn gebruikte had hij nergens geen last van, zei hij.

7 Er heerst griep, de omzet in paracetamol is groter als een maand geleden.

8 Ik werk anders als zij, want ik ben linkshandig.

9 Zij voelt zich wel thuis in die praktijk, maar de stress tijdens het spreekuur niet zo.

10 Het meisje die aan de balie staat, is mijn achternicht.

11 In de bijsluiter komt kleurgebruik, lettertype, regellengte en -afstand, de leesbaarheid ten goede.

12 Ik ben verkouden en daarom vandaag niet de vogels gevoerd.

13 Gisteren zongen wij die tophit, maar vandaag we vinden er niets meer aan.

14 Hij is net zo groot als mij.

15 Zij volgt de opleiding en ze gaat volgende week op stage, maar ze moet er wel voor reizen.

16 Volgens zijn collega's was Van Rooy iemand die niets van anderen wilden aannemen, was hij eigenwijs en kon hij het werk gewoon niet aan.

17 Na het incident probeerde het drietal weg te rijden, terwijl een grote groep jeugd ze probeerden tegen te houden en vervolgens achtervolgden naar de Karl Marxstraat.

18 Enertel en Versatel verworven vorige week de beschikbare WLL-licenties (WLL= Wireless Local Loop).

19 Bezuinigen doet nu eenmaal van pijn.

20 Er werden wapens en drugs gevonden en opgetreden tegen beledigingen, vernielingen en het niet opvolgen van bevelen.

2.6

Instinkertjes

In deze paragraaf behandelen we vijf onderwerpen die heel vaak fout gaan, terwijl dat niet echt nodig is. Als je maar weet hoe het zit!

Figuur 2.1
Stijl of geen
stijl...

2.6.1

DUBBELE ONTKENNING

Hoe vaak hoor je het niet: 'Ik eet nooit geen bananen!' of andere zinnen met een dubbele ontkenning. Door *nooit* + *geen* te gebruiken, ontken je eigenlijk twee keer. Je beseft waarschijnlijk niet dat je daarmee het tegendeel zegt van wat je wilt beweren: *nooit geen*, betekent: altijd! Wat je wilde zeggen is: 'Ik eet nooit meer bananen!' of 'Ik eet geen bananen!'

2.6.2

ALS OF DAN?

Je gebruik *als* om aan te geven dat twee zaken gelijk zijn. Voorbeeld: José is net zo slank als haar dochter.
In andere vergelijkingen gebruik je *dan*. Voorbeeld: Mijn kamer is groter dan die van jou.

2.6.3

OMDAT OF DOORDAT?

Waarom zijn de bananen krom? Omdat ze niet recht zijn, daarom! Dit lijkt een grapje, maar geeft toch een belangrijke regel in de taal aan.

Omdat geeft een reden aan en volgt daarom heel vaak op een waarom-zin. Voorbeeld: Waarom ben je nu weer te laat? Omdat de bus te laat kwam.
Doordat geeft een gevolg aan. Oorzaak: De bus kwam te laat. Gevolg: Ik kwam te laat in de les. De zin wordt dan: Doordat de bus te laat was, kwam ik te laat in de les.

Voorbeelden:
— Omdat het weer zo hard regent, ga ik vandaag niet uit. (reden)
— Ik reed met de auto tegen dat paaltje, doordat de zon zo in mijn ogen scheen. (oorzaak en gevolg)

2.6.4

DAAROM OF DAARDOOR?

Daarom geeft een reden aan.
Daardoor geeft een gevolg aan.

Voorbeelden:
— Ik vind je een aardige vent, daarom ga ik vanavond met je uit. (reden)
— Vanmorgen heeft zij haar pols gebroken, daardoor kan zij haar toets niet maken. (gevolg)

2.6.5

HEN OF HUN?

Dit is een moeilijke!
Hun gebruik je:
— als het om het meewerkend voorwerp gaat, zonder dat het voorzetsel *aan* of *voor* erbij staat. Dus: Zij gaf hun de hele middag vrij.

– als het om een bezittelijk voornaamwoord gaat: Dat is hun huis.
Hen gebruik je:
– als het om een lijdend voorwerp gaat. Dus: Hij versloeg hen met hun eigen argumenten.
– als er een voorzetsel voorstaat: De directie biedt aan hen een kerstlunch aan.

Hoe zit het met: 'Hun hebben dat gezegd!' Je hoort het vaak, maar is het ook goed? Vraag jezelf af:
– Is *hun* het meewerkend voorwerp in deze zin? Nee, het is het onderwerp.
– Is *hun* een bezittelijk voornaamwoord in deze zin? Nee.

Dus het is fout. Het moet zijn: 'Zij hebben dat gezegd!'

Opdracht 17
Vul het goede woord in.
1 Hoe komt het toch dat ik zo verkouden ben? Dat komt _____ je vriend je heeft aangestoken!
2 José, _____ je dit verband nu weer verkeerd hebt aangelegd, moet je nog maar eens extra oefenen.
3 De leraar gaf _____ het cijfer voor het proefwerk.
4 Waarom moet ik dit medicijn per se voor het eten innemen? _____ het zo beter wordt opgenomen in de maag.
5 _____ zeiden tegen mij dat ze wat later zouden komen.
6 De uiterste verkoopdatum van dit medicijn is verlopen, _____ geef ik je een ander middel mee.
7 Ik heb gisteren mijn verstandskies laten trekken, _____ kan ik nu niet zo goed kauwen.
8 Voor _____ is deze praktijkles bedoeld.
9 Paracetamol is een goede pijnstiller, _____ heb ik er een genomen; ik heb namelijk hoofdpijn.
10 _____ hebben recht op informatie. Het gaat toch om _____ gezondheid!

2.7

Beeldspraak

Bij beeldspraak wordt iets niet direct bij de naam genoemd, maar aangeduid met een voorstelling, een beeld.

Voorbeelden:
– Als een dolle stier rende hij mijn kamer in.
– Zij heeft een bord voor haar kop.

Je ziet dat er bepaalde beelden worden gebruikt om de manier waarop iemand de kamer in kwam rennen, te beschrijven. Als je van iemand zegt dat ze een bord voor haar kop heeft, bedoel je dat ze iets niet wil zien. Je gebruikt 'beeldende taal'.

Opdracht 18
Geef minstens drie voorbeelden van beeldspraak die je zelf wel eens gebruikt.

Conclusie

Als je kritisch bent op wat en hoe je schrijft, zal je lezer met plezier kennis nemen van wat je te zeggen hebt. En je vaak ook beter begrijpen.
Om fouten in spelling en stijl te vinden, hoef je meestal slechts om je heen te kijken. Maak er een sport van om er zo veel mogelijk te ontdekken. Kun je ze iedere keer verbeteren?

Luistertoets

Cliënten laten spreken en zelf cliënten aanspreken
Luister naar de toets bij hoofdstuk 2 op de cd-rom.
1   De manier waarop meneer Wieringma Sarah aanspreekt is een voorbeeld van:
   a Gebrek aan respect.
   b Seksueel misbruik.
   c Iemand die laag is opgeleid.
2   'Tutoyeren' is een ander woord voor:
   a Iemand formeel aanspreken.
   b Het gebruik van meneer of mevrouw.
   c Iemand met 'je' aanspreken.
3   'Avanceren' is een ander woord voor:
   a Iets klaar maken.
   b Opschieten.
   c Weggaan.
4   Meneer Wieringma heeft:
   a langer dan een half uur moeten wachten.
   b langer dan drie kwartier moeten wachten.
   c langer dan een uur moeten wachten.
5   Mevrouw Bijl reageert boos op Sarah omdat:
   a Sarah haar briefje niet kan vinden.
   b Sarah haar met je aanspreekt.
   c Sarah ongeduldig is.
6   Welke betekenissen kan het woord 'recept' hebben?
   a Een medisch voorschrift, een culinaire beschrijving.
   b Een medische behandeling, een vulgaire beschrijving.
   c Een verwijsbrief, een culinaire beschrijving.
7   Mevrouw Bijl heeft last van:
   a Vergeetachtigheid en een taalprobleem.
   b Vergeetachtigheid en verstoorde articulatie.
   c Vergeetachtigheid en afasie.

3 | Mag ik u iets vragen?

Inleiding

3.1

De noodzaak van goede informatie

In apotheek, praktijk of instelling komt het dagelijks voor dat mensen informatie aan je vragen of dat jij informatie van hen nodig hebt. Het geven en vragen van informatie is een belangrijk onderdeel van de communicatie met patiënten en cliënten. Ben je hier niet goed in, dan zal de patiënt of de cliënt onvoldoende worden geïnformeerd met alle mogelijke (kwade) gevolgen van dien.

Bovendien, als jij in je functie van assistente goed wilt functioneren, dan zul je steeds voldoende geïnformeerd moeten zijn. Een juiste aanpak om die informatie te verkrijgen, is daarom heel belangrijk.

3.2

Informatie geven is informatie vragen

Opdracht 19

> Je werkt als doktersassistent in een huisartsenpraktijk. Op een morgen belt mevrouw Akkermans op en vertelt dat haar dochter vandaag opeens onder de rode vlekken zit. Ze vraagt: 'Wat zou het kunnen zijn? En moet de dokter komen?'

Mevrouw Akkermans stelt twee vragen aan jou, maar voordat je haar antwoord kunt geven, zul je wat meer informatie moeten hebben: informatie (kunnen) geven is daarom ook informatie vragen!

Kun je drie vragen verzinnen die je aan mevrouw Akkermans zou kunnen stellen? Wat zou jij van haar willen weten voordat je haar vragen kunt beantwoorden?

> Je werkt als apothekersassistent bij de Gouden Gaper. Een cliënt komt binnen en zegt dat hij zich niet lekker voelt, hij denkt: waarschijnlijk griep. Hij wil er weer gauw vanaf zijn: 'Kunt u mij iets adviseren, juffrouw?'

Welke drie vragen zou jij in dit geval stellen?

Op dinsdag belt mijnheer Woltering. Hij wil nog vóór het weekend een afspraak met de tandarts, liefst vandaag nog, omdat hij last heeft van kiespijn. Hij slikt al twee dagen aspirines.

Welke drie vragen kun jij hem stellen om te zien of hij echt vandaag nog moet komen?

In deze drie praktijksituaties kun je door informatie te vragen, de vraag van de cliënt voor jezelf verduidelijken.

3.3

Informatiebronnen

Wanneer het nodig is om meer informatie te krijgen over een onderwerp, moet je weten waar je die informatie kunt vinden. Het is belangrijk om vooraf bij één vraag stil te staan, namelijk: wat weet ik zelf al over dit onderwerp? Als een onderwerp op een of andere manier je belangstelling heeft, weet je er meestal al meer van af dan je in eerste instantie denkt.

Opdracht 20
Schrijf in een paar punten op wat je weet over een van de volgende drie onderwerpen:
– pijnstillers;
– vitamines;
– slaapmiddelen.

Wat wil je nog meer weten? Schrijf minstens drie vragen op die je over jouw onderwerp beantwoord wilt zien.

Welke informatiebronnen kun je hiervoor gebruiken? Informatiebronnen hoeven niet altijd moeilijke boeken te zijn. Je beschikt over meer en beter toegankelijke bronnen dan je zelf misschien denkt. De vraag is nu: Wat wil ik nog meer over dit onderwerp weten en hoe kom ik aan deze informatie?

3.3.1

PATIËNT/CLIËNT

In het rechtstreekse contact met de patiënt of de cliënt gaat het erom de goede vragen te stellen. Goede vragen kun je stellen wanneer je echt belangstelling hebt voor de ander. Probeer je voor te stellen wat het probleem voor de ander kan betekenen en stel dan je vragen. In het geval van mevrouw Akkermans zou je kunnen vragen:
– Hoe oud is uw dochter?
– Kwamen de vlekken opeens opzetten en waar zitten ze?
– Heeft uw dochter ook koorts?
– Is ze misschien misselijk of moet ze hoesten?
– Heeft ze iets bijzonders gegeten?

Terwijl je de antwoorden in je opneemt, vorm je je een beeld van de mogelijke oorzaak van de vlekken. In dit geval is je patiënt/cliënt je informatiebron en gaat het om mondelinge informatie.

3.3.2

BIBLIOTHEEK

De bibliotheek is natuurlijk een goede informatiebron voor allerlei uiteenlopende onderwerpen. Je kunt er zelfs zonder lid te zijn informatie opzoeken. Alleen als je boeken of dvd's mee naar huis wilt nemen, moet je eerst lid worden.

Opdracht 21

Ga naar een bibliotheek bij jou in de buurt op 'snuffeltour' en beantwoord daarna de volgende vragen:

1 Op welke manier(en) kun je informatie krijgen over welke boeken er beschikbaar zijn?
2 Op welke manier(en) zijn de boeken gerubriceerd?
3 Zijn er in de bibliotheek nog andere informatiebronnen dan boeken? Zo ja, welke?
4 Is er in deze bibliotheek een zogenoemd studiegedeelte? Welke informatie kun je daar vinden?
5 Welke tijdschriften liggen er? Zijn er tijdschriften die je zou kunnen gebruiken voor je werk?
6 Wat kost het om lid te worden van de bibliotheek?

3.3.3

EIGEN OMGEVING

Dat je het niet altijd zo ver hoeft te zoeken, bewijst de volgende informatiebron: je eigen omgeving. Dat kan de omgeving op je werk zijn: een collega-assistent of de (tand)arts of apotheker. Zij kunnen je waarschijnlijk snel de extra informatie geven die je op dat moment nodig hebt. Maar denk ook aan informatie die je thuis of op school kunt vinden. Als je nog niet zolang werkt of als je stage loopt, is het helemaal niet gek om tegen een patiënt/cliënt te zeggen: 'Een ogenblikje, ik vraag het even aan een collega; die werkt hier al langer.'
Het gaat er in de directe contacten met anderen om dat je zo duidelijk en volledig mogelijk bent. Nodig de ander ook uit om vragen te stellen.

3.3.4

COMPUTER

Sinds de komst van de computer is er veel in onze maatschappij veranderd. Vond je het pakweg vijftien jaar geleden nog normaal om je werk op de typemachine te maken, tegenwoordig pak je de computer. Als je een internetaansluiting hebt, staat de hele wereld voor je open. De mogelijkheid om over de meest uiteenlopende onderwerpen informatie in te winnen is onuitputtelijk. Maar wees wel kritisch met de informatie die je via internet ontvangt: onbetrouwbare informatie komt ook onge-corrigeerd op je beeldscherm terecht.

Opdracht 22

De volgende internetadressen kunnen op een of andere manier met je werk te maken hebben. Zoek over het onderwerp dat je eerder koos in Opdracht 20 naar extra informatie. Haal de informatie binnen en print het uit:
– www.pharmaplaza.nl;
– www.serviceapotheek.nl;
– www.netdokter.nl;
– www.zelfzorgnet.nl;
– www.apotheek.net;

– http://gezondheids.startpagina.nl/; op deze laatste pagina staat veel gerubriceerde informatie over het onderwerp gezondheid.

Er zijn ook zoekmachines, zoals Google. Als je hier een trefwoord intikt, geeft dit programma een overzicht van allerlei sites die dit trefwoord hebben staan.

Opdracht 22 vervolg
Beantwoord de volgende vragen:
1 Is alle informatie die je hebt gevonden geschikt?
2 Wat vind je van de kwaliteit van de informatie?
3 Staat erin wat je verwachtte?

Schrijf de antwoorden in je schrift op. Vergelijk de resultaten met die van een van je klasgenoten.

3.3.5

LITERATUUR

Vakliteratuur, studieboeken, tijdschriften en kranten zijn informatiebronnen die je zeer goede diensten kunnen bewijzen. Het bijhouden van (vak)literatuur maakt je vak interessanter en maakt je tot een betere assistent.
– In vakliteratuur vind je informatie die voor een bepaald beroep interessant is.
– Je eigen studieboeken of boeken uit de bibliotheek kunnen je specifieke informatie geven over het onderwerp waarin jij op dat moment geïnteresseerd bent.
– Ook in tijdschriften is vaak bruikbare informatie te vinden. In de zogenoemde damesbladen als *Margriet* of *Libelle* bijvoorbeeld kun je dikwijls artikelen vinden over veel voorkomende gezondheidsproblemen. De artikelen zijn voor een groot publiek geschreven, waardoor ze makkelijk te begrijpen zijn. Vergeet ook niet de blaadjes die je bij de apotheek of drogist gratis mee kunt nemen. Misschien liggen op school ook wel tijdschriften die met je toekomstige vak te maken hebben: *Receptarius* of *Optima Farma* voor apothekersassistenten, het *NVDA-blad* voor doktersassistenten en *Stand By* voor tandartsassistenten.
– De krant is ook een goede informatiebron. Het is beslist de moeite waard om de gezondheidsrubrieken in de krant te lezen. Ze zijn meestal in begrijpelijke taal door een vakman of -vrouw geschreven.

Opdracht 23
Knip drie artikelen uit krant of tijdschrift die met gezondheidszorg of gezond leven te maken hebben. Lees de artikelen door en beantwoord per artikel de volgende vragen:
1 Waarom koos je deze artikelen? Kreeg je de informatie die je verwachtte?
2 Geef in hooguit twee zinnen per artikel weer wat de voornaamste informatie is die je gevonden hebt.

3.3.6

BIJSLUITERS

De bijsluiters bij geneesmiddelen geven informatie over allerlei zaken die te maken hebben met de ziekte waar het geneesmiddel voor wordt voorgeschreven. Er zijn bijsluiters die speciaal voor de cliënt bedoeld zijn. Helaas zijn die voor veel mensen toch nog moeilijk te begrijpen. Ze geven de patiënt soms een onrustig gevoel: 'O jé, het is wel erg met mij gesteld! En van die pillen kan ik ook nog eens allerlei bijwerkingen krijgen!' Het is daarom goed als assistent de bijsluiter goed te begrijpen, voor het geval je vragen krijgt van een ongeruste patiënt.

Opdracht 24

Zoek een patiëntenbijsluiter van een geneesmiddel dat op recept wordt verstrekt. Stel jezelf de vraag: Wat weet ik al over dit onderwerp? Daarna lees je de bijsluiter kritisch. Beantwoord nu de volgende vragen:

1 Voor welke indicatie(s) wordt dit geneesmiddel voorgeschreven?
2 Hoe werkt dit geneesmiddel?
3 Wanneer mag je het geneesmiddel niet gebruiken?
4 Staan er waarschuwingen voor de gebruiker in deze bijsluiter? Zo ja, welke?
5 Hoe moet het geneesmiddel worden gebruikt?
6 Is deze bijsluiter duidelijk genoeg voor de gemiddelde gebruiker?
7 Als je gegevens mist, welke zijn dat dan?

3.3.7

MULTIMEDIA

Televisieprogramma kunnen een prima hulpmiddel zijn om aan informatie te komen over een groot aantal onderwerpen. Hetzelfde geldt voor video's en dvd's. Het voordeel ervan is dat je door de beelden makkelijker kunt onthouden wat er gezegd is. Het is voor de assistent belangrijk op de hoogte te zijn van zaken die door de media worden gebracht. Een reden daarvoor is dat je patiënten of cliënten na publicatie van een artikel in een krant of na een bepaald tv-programma vragen kunnen hebben en daarmee bij jou komen. Hoe beter jij op de hoogte bent van een en ander, hoe beter je kunt inspelen op hun vragen.

Opdracht 25

Zoek in krant of tijdschrift een artikel dat over een medisch onderwerp gaat. Beantwoord de volgende vragen:

1 Wat is de titel van het stuk en door wie is het geschreven?
2 Geef de naam van de krant of het tijdschrift waarin het artikel stond.
3 Schrijf in telegramstijl op wat je zelf over dit onderwerp weet.
4 Welke vragen over dit onderwerp zou je met behulp van dit artikel beantwoord willen zien?
5 Beantwoordde dit artikel aan de verwachtingen? Geef een gemotiveerd antwoord.

Opdracht 26

Bekijk een televisieprogramma dat over de gezondheidszorg gaat. Je kunt ook met een klein groepje het programma bekijken. Beantwoord de vragen voor jezelf en bespreek daarna met elkaar de antwoorden:

1 Wat was het onderwerp?
2 Wat wist je zelf al over dit onderwerp?
3 Wat verwachtte je van dit programma?
4 Wat heeft dit programma je opgeleverd?
5 Bedenk drie vragen die een patiënt/cliënt aan je zou kunnen stellen als hij dit programma ook heeft gezien.

3.3.8

BELANGENVERENIGINGEN

Belangenverenigingen zoals de Nierstichting of de Brijderstichting kunnen belangrijke informatiebronnen zijn. Adressen vind je in folders of op internet.

3.4

Kritisch lezen en keuzes maken

We hebben al gezien dat we op heel veel manieren aan informatie kunnen komen. Er is zo veel op allerlei gebied dat je haast niet weet wat je moet kiezen. Je moet daardoor keuzes maken. Het ligt voor de hand dat je uit een studieboek over geneesmiddelen specifieke en objectieve informatie over geneesmiddelen kunt halen. Je kunt ook een van de tijdschriftjes die in de apotheek liggen, lezen, maar denk je dat daarin net zo uitgebreid en objectief wordt geschreven als in je studieboek?

Het zal je ook duidelijk zijn dat een objectief artikel in de krant, geschreven door een onafhankelijk (tand)arts of apotheker, je beter op de hoogte stelt over het onderwerp dan een artikel in een reclameblaadje van een fabrikant.

Het is dus altijd belangrijk om goed op te letten wanneer je een tekst leest. Stel jezelf de volgende vragen:
− Wat voor soort informatiebron is dit?
− Waar heb ik de informatie voor nodig; wat wil ik ermee doen?
− Wie is de schrijver?
− Is deze persoon ter zake kundig?
− Is de informatie te controleren?
− Is de informatie objectief of subjectief?
− Voor wie is de informatie bedoeld?
− Wie heeft er voordeel van deze informatie?

Opdracht 27

Lees het artikel in figuur 3.1 en beantwoord daarna de zojuist gestelde vragen. Is dit voor jou een betrouwbare informatiebron? Geef minstens twee argumenten.

3.5

Waarom lees ik dit?

Soms lees je gedachteloos, zoals een reclamebord of een kop in een krant die op tafel ligt. Maar op andere momenten wordt je aandacht getrokken − *MBO-studenten willen werk!!* − en wil je meer weten. Dan ga je geïnteresseerd lezen.
Lees nu het artikel in figuur 3.2.

− Beantwoordde de inhoud van het artikeltje aan je verwachtingen?
− Geef argumenten waarom het wel of niet aan je verwachtingen voldeed.
− Werd je nieuwsgierigheid gewekt door de titel?
− Waarom wilde je dit artikel lezen?

3.5.1

LEZEN MET EEN DOEL

Je leest een gebruiksaanwijzing om te weten hoe je een apparaat moet bedienen. Je leest een tv-gids om te weten welk programma er komt. Je leest een lekker spannend boek om je te amuseren. Ons lezen heeft een doel.

Figuur 3.1
Wie beweert dit?

Bron: NRC-Han-
delsblad, 14 sep-
tember 2007.

DE PIL VAN DE WEEK

Pil-vergeten-advies

Vrouwen die de pil een keer vergeten, hoeven niet meer zo moeilijk te doen. Het pil-vergeten-advies is een stuk makkelijker geworden

Het vergeten van de pil – van de anticonceptiepil – is sinds kort een stuk eenvoudiger geworden. Wie eenmaal een pil vergeet, die kan die pil het best alsnog slikken en doorgaan of er niets aan de hand is. Pas als er twee of meer pillen na elkaar zijn vergeten, wordt het ingewikkelder.

Er zijn veel websites die welgemeende adviezen geven over wat te doen bij een vergeten pil. Die zijn nu verouderd. Op die sites van fabrikanten, seksuele voorlichters en soms wat vage anticonceptiestichtingen wordt het al ingewikkeld bij de eerste vergeten pil. De vraag is dan: is het meer dan 12 uur geleden dat de pil vergeten is? Daarna volgt: was u in de eerste, de tweede of de derde pilweek? Een kuur anticonceptiepillen bestaat uit 21 pillen die drie weken lang, na een 'stopweek' wordt geslikt. In die stopweek treedt een soort menstruatie op.

De grote vraag bij de vergeten pil is of het nodig is om de (onprettige) morning-afterpil te nemen, of om een tijdje condooms te gebruiken.

Dat gedoe met meer dan twaalf uur en in welke week de pil is vergeten, is allemaal nodeloos ingewikkeld, schrijven een zestal pildeskundige huisartsen, apothekers, gynaecologen en een psycholoog in het *Nederlands Tijdschrift voor Geneeskunde* van 1 september.

Die auteurs zijn van het Nederlands Huisartsen Genootschap, het Wetenschappelijk Instituut Nederlandse Apothekers en de Rutgers Nisso Groep. Die clubs gaven tot nu toe niet ook die ingewikkelde adviezen. En erger: de adviezen waren ook verschillend.

De verwarring en misverstanden namen nog toe omdat sinds begin 2005 de morning-afterpil in Nederland zonder doktersrecept bij apotheker en drogist te koop is. Hulpverleners konden het roerend oneens zijn.

Het eenvoudige nieuwe voorschrift is gebaseerd op een pilvergeten-advies van de Wereldgezondheidsorganisatie (WHO). Dat stamt al uit 2004, maar drong niet in Nederland door.

Verreweg de meeste pilliksters vergeten maar één pil. Standaard is 's avonds voor het naar bed gaan de pilstrip pakken en dan zien: verhip, gisteravond vergeten.

Gewoon twee achter elkaar slikken zegt dan de WHO. In welke week je ook zit, hoe vaak je in de voorgaande dagen ook gevreeën hebt.

Pas als ook de tweede pil meer dan twaalf uur te laat is, duikt in het nieuwe advies weer een schema op waarin onderscheid wordt gemaakt tussen de eerste, tweede en derde pilweek. Raadpleeg daarvoor een arts, apotheker of drogist die zijn literatuur bij houdt.

WIM KÖHLER

We onderscheiden de volgende leesdoelen:
– informatief: je leest om informatie te krijgen.
– persuasief: je leest om de mening van de schrijver te vernemen, zodat je voor jezelf ook een mening kunt vormen.
– activerend: je leest om jezelf ervan te overtuigen dat er iets gedaan moet worden.
– diverterend: je leest om je te amuseren.
– emotief: je leest om je emoties op te wekken; emoties als: plezier, woede, verdriet. Een emotief leesdoel heeft veel te maken met hoe jij je op een bepaald moment voelt.

Voedingsdeskundigen: verbied snelvreetreclame

Zuigelingen horen vooral melk te drinken, maar Amerikaanse ouders stoppen ze net zo gemakkelijk vol met frisdrank, snoep en friet, aldus werd vorige week in deze krant gemeld.

Dat bericht kwam voort uit een onderzoek naar de eetgewoonten van baby's van 4 tot 24 maanden, onlangs in de VS. Jong geleerd is oud gedaan. Logisch dat de Amerikanen met afstand het dikste volk ter wereld zijn.

Dat zou tot daar aan toe zijn als ze het probleem tot hun eigen land beperkten. De Amerikaanse junkfood-fabrikanten doen echter hun uiterste best om hun snelvreetcultuur naar alle windstreken te exporteren. Er is inmiddels bijna geen land ter wereld meer waar McDonald's en Coca Cola nog niet zijn doorgedrongen.

Met vileine maar zeer effectieve reclamecampagnes wordt vooral de jeugd overgehaald om over te stappen op de *American way of life*. Dat daarmee de gezondheid van de hele wereldbevolking wordt bedreigd, zal de snackkapitalisten een zorg zijn.

Want dat hamburgers, frieten en

Dik van het zappen en snacken.

frisdrank slecht zijn voor de volksgezondheid, wordt door onderzoek na onderzoek aangetoond. Zo hebben Britse wetenschappers ontdekt dat het caloriegehalte van fastfood zo hoog is, dat het eten van één extra hamburger per week een volwassene al op acht kilo lichaamsvet per jaar kan komen te staan.

Dat komt door de zeer hoge energiedichtheid, aldus Andrew Prentice van de Londense School voor Hygiëne en Tropische Geneeskunde en zijn collega Susan Jebb van het Instituut voor Voedingsonderzoek in Cambridge. Ze hebben berekend dat honderd gram van een gemiddelde hamburger ongeveer 1200 kilojoule (286,5 kilocalorie)

bevat. Dat is bijna twee keer zoveel als het doorsnee Britse dieet, dat uitkomt op 650kJ/100g. Zelfs dat is al aan de hoge kant, stellen de onderzoekers, want het menselijk lichaam is waarschijnlijk door de evolutie aangepast aan een dieet van hooguit 450kJ/100g.

Uit eerder onderzoek was al gebleken dat de vette hap ingrediënten bevat die verslavend kunnen zijn, meldt het weekblad New Scientist. Geen wonder dus dat sommige zwaarlijvige Amerikanen hun slechte gezondheid inmiddels toeschrijven aan MacDonald's en via rechtszaken compensatie zoeken. Het zou echter beter zijn om het probleem bij de wortel aan te pakken, schrijven Prentice en Jebb in het in het geheel aan overgewicht gewijde tijdschrift Obesity Reviews. Ze vinden dat regeringen actie moeten ondernemen, bijvoorbeeld door op kinderen gerichte reclame voor junkvoedsel te verbieden. Dat lijkt met de van oudsher met lekkernijen overladen decembermaand voor de deur geen slecht idee.

MARTIJN HOVER

Figuur 3.2
'Snelvreetreclame?'.

Bron: *Noordhollands Dagblad, 4 november 2003*.

Lezen en schrijven staan niet los van elkaar. Een schrijver schrijft zijn tekst, verhaal of reclameboodschap ook met een bepaald doel. In principe zijn dat dezelfde doelen als net beschreven. Een romanschrijver zal zijn verhaal schrijven met het doel zijn lezer een paar prettige uren te bezorgen. Een dichter of een songtekstschrijver zal zijn vers schrijven met het doel bepaalde gevoelens bij de lezer of luisteraar op te wekken. De reclameschrijver wil met zijn tekst bereiken dat jij het product koopt.

De doelen van de schrijver en de doelen van de lezer moeten met elkaar overeenkomen, anders schiet de tekst zijn doel voorbij. Je zult een recept voor een feestmaal niet opzoeken in een dieetboek!

Het leesdoel bepaalt:
- je tekstkeuze;
- je manier van lezen;
- de tijd en energie die je eraan besteedt.

Opdracht 28

Bij een spreekbeurt over bijvoorbeeld pijnstillers, stel je jezelf de volgende vragen:
- Wat weet ik er zelf over?
- Wat wil ik er nog meer over weten?
- Waar ga ik de informatie vandaan halen?
- Wat is mijn doelgroep?
- Hoe ga ik het aanpakken?

3.6

Een goede strategie is het halve werk

Als je hebt besloten om te lezen, kun je dat op verschillende manieren doen. De reclamefolder van de supermarkt lees je even vluchtig door, zodat je ongeveer weet wat voor jou interessant is. De berichtgeving over een staking bij het openbaar vervoer lees je nauwkeurig, zodat je weet of je morgen wel met de trein mee kunt. Een ingewikkeld recept voor een diner lees je heel precies en je maakt meteen aantekeningen voor je boodschappenlijstje.

3.6.1

LEESSTRATEGIEËN

We onderscheiden vier verschillende manieren van lezen; dit noemen we leesstrategieën:

1 Oriënterend lezen: je kijkt iets even door om te weten waar de tekst over gaat. 'Is het wat voor mij?'
2 Globaal lezen: je leest de tekst een keer goed door, zodat je niet alleen weet waar hij over gaat, maar ook welke zaken er aan de orde komen, of de tekst beantwoordt aan jouw vraag en of de manier van schrijven je aanstaat.
3 Intensief of studerend lezen: je leest de tekst heel nauwkeurig, onderstreept bepaalde zinnen, maakt aantekeningen. Je bestudeert de tekst omdat je je voorbereidt op een toets of omdat je stukken eruit wilt samenvatten voor een werkstuk.
4 Kritisch lezen: je weet waar de tekst over gaat, want je hebt hem goed gelezen. Je toetst nu jouw mening aan die van de schrijver. Je controleert of je het eens bent met wat de schrijver beweert.

Voordat je echt gaat lezen, kijk je naar de 'buitenkant' van de tekst:
– de titel en de ondertitel;
– de illustraties met bijbehorende tekst;
– vetgedrukte of schuingedrukte tekst;
– tekst in een kader.

Als je besluit om de tekst nader te bekijken, heb je al een bepaalde verwachting. Je gaat lezen met in je achterhoofd de vragen die je beantwoord wilt hebben. Per leesstrategie stel je jezelf andere vragen.

1. Oriënterend lezen: vluchtig lezen
Als je een tekst vluchtig leest, stel je de volgende vragen:
– Waar gaat de tekst over; wat is het onderwerp van de tekst?
– Welke aspecten over het onderwerp worden behandeld?
– Kan ik de tekst gebruiken voor mijn leesdoel?

Je leest de eventuele inleiding, de eerste en de laatste alinea. Veel teksten hebben een inleiding die vaak in een ander lettertype staat. In de inleiding wordt eigenlijk een minisamenvatting gegeven. Daar kun je dus veel aan hebben. In de eerste alinea van het stuk wordt het onderwerp (het thema) van het artikel uitgelegd en in de laatste alinea wordt meestal nog even het belangrijkste samengevat of geeft de schrijver een conclusie. Na het lezen van de eerste en laatste alinea kijk je het hele artikel vluchtig door, zodat je de zojuist gestelde vragen voor jezelf kunt beantwoorden.

2. Globaal lezen: eenmaal doorlezen

Hier gelden de volgende vragen:

– Wat vertelt de schrijver over de zaken die hij behandelt?

– Hoe zit de tekst in elkaar?

– Waar vind ik welke informatie: in de inleiding, het midden of het slot?

– Wat wil ik onthouden of gebruiken?

De eerste en de laatste zin van alinea's zijn belangrijk. In de eerste zin van een alinea geeft de schrijver aan waar die alinea over gaat. Dit is dus de belangrijkste zin. Daarna werkt hij het onderwerp verder uit. In de laatste zin geeft hij meestal een samenvatting of conclusie. Zo'n laatste zin is ook dikwijls een overgang naar de volgende alinea.

Bij globaal lezen moet je goed letten op 'signaal- en verwijswoorden'. Deze woorden kunnen je helpen bij het begrijpen van de tekst. Voorbeelden:

– en, ten eerste, ten tweede (enz.), ook, daarnaast: dan volgt er meestal een opsomming;

– bijvoorbeeld, vooral, zoals: dan volgt er meestal een voorbeeld;

– maar, toch: dan volgt er meestal een tegenstelling.

De signaalwoorden komen in paragraaf 3.7.5 nog een keer aan bod.

Na globaal lezen moet je een structuurschema van de tekst kunnen maken. Daar komen we ook nog op terug.

3. Intensief of studerend lezen, heel precies lezen

Als je heel precies leest, stel je de volgende vragen:

– Als de schrijver meningen geeft: welke argumenten gebruikt hij?

– Als de schrijver bepaalde dingen beweert: hoe geeft hij de zaken weer en hoe komt hij tot bepaalde conclusies?

– Als de schrijver objectieve zaken behandelt: welke voorbeelden, getallen of toepassingen geeft hij?

Maak bij het studerend lezen aantekeningen en onderstreep woorden die belangrijk zijn.

Tip

Als je een tekst moet bestuderen voor een toets, probeer dan zelf toetsvragen te verzinnen. Je zult merken dat je je op die manier echt in de stof verdiept en dat je de vragen ook kunt beantwoorden.

Na het intensief lezen, moet je een samenvatting kunnen maken van de tekst. Ook daar komen we op terug.

4. Kritisch lezen

Bij het kritisch lezen komen de volgende vragen aan de orde:

– Geeft de schrijver goede antwoorden op eventuele vragen?

– Geeft hij goede voorbeelden en hebben die iets met zijn mening te maken?

– Is hij naar jouw mening volledig? Of mis je bepaalde antwoorden op vragen?

– Ben je het met de schrijver eens? Als je een andere mening hebt, probeer daar dan goede argumenten voor te formuleren.

Na het kritisch lezen van de tekst moet je een beargumenteerde mening over het onderwerp onder woorden kunnen brengen.

3.6.2

LEESSTRATEGIE EN TIJD

Oriënterend lezen kost weinig tijd en je weet toch iets over de tekst. Globaal lezen kost je wat meer tijd, maar is al een goede voorbereiding voor het intensief lezen, dat inderdaad meer tijd kost. In veel gevallen is het lezen ook een combinatie van de verschillende leesstrategieën. Als je bijvoorbeeld wilt weten hoe je nieuwe gsm werkt, zul je direct tot intensief lezen overgaan. Maar als je wilt weten of er nog iets leuks te doen is deze week, kijk je vluchtig door de krant en ga je pas lezen als iets je echt interesseert.

Als je een werkstuk moet maken of een spreekbeurt moet houden, zul je eerst materiaal moeten verzamelen. Je kunt dan onmogelijk alles intensief of zelfs maar globaal gaan lezen, dat zou veel te veel tijd kosten. Je gebruikt daarvoor het oriënterend lezen.

De strategie van het oriënterend lezen kun je ook heel goed gebruiken als je een keuze moet maken uit boeken. De inhoudsopgave is daarbij een prima hulpmiddel. Vervolgens kijk je een of meer hoofdstukken die je uit die inhoudsopgave hebt gekozen even vluchtig door. Op die manier kun je snel een keuze maken.

Een tekst die je intensief hebt bestudeerd, blijft goed in je geheugen zitten; bovendien kunnen de aantekeningen die je daarbij hebt gemaakt je ook een volgend keer weer goede diensten bewijzen; dan bespaar je tijd!

3.7

Structuur en structuurschema

Een goede tekst heeft een duidelijke structuur, bijvoorbeeld een inleiding, middendeel en slot.

Boven de tekst staat de titel, soms met ondertitel. Een goede titel (met of zonder ondertitel) geeft het onderwerp van de tekst.

Voorbeelden:

Gewelddadig weekend (titel) Vijf jongeren belanden in ziekenhuis na vechtpartij (ondertitel)

Inspectie controleert aanpak verpleeghuizen Oudere illegaal vastgebonden

Een tekst is opgebouwd uit meerdere alinea's. Je kunt zien waar de ene alinea ophoudt en waar de andere begint. Je kunt het zien omdat de schrijver een regel overslaat. In vaktermen: hij geeft een regel wit. Je kunt het ook zien als de schrijver een regel niet helemaal tot het eind vol schrijft. Na de punt begint hij op een nieuwe regel. Het is ook mogelijk dat de schrijver het begin van een nieuwe alinea aangeeft door op een nieuwe regel even 'in te springen'; hij geeft een tab.

In veel artikelen zie je in de tekst tussenkopjes staan; dit zijn vetgedrukte woorden of korte zinnetjes die aangeven waar het volgende stukje over gaat. Een goede leeshulp dus!

Sommige schrijvers laten één of twee regels open om aan te geven dat er een nieuw aspect van het onderwerp aan de orde komt.

Er zijn teksten die met een apart stukje inleiding beginnen. Dit stukje is vaak vet gedrukt of staat in een ander lettertype. De bedoeling van dit stukje is je vast iets over de inhoud en het onderwerp te vertellen, zodat je nieuwsgierig wordt naar de rest van de inhoud. Men noemt dit ook wel een eyeopener.

3.7.1
INLEIDING

De inleiding van een tekst kan één of meer alinea's beslaan en heeft tot doel de lezer uit te leggen waar de tekst over zal gaan. Het is daarom belangrijk om bij oriënterend lezen de inleiding even goed te lezen. Dan weet je of het een tekst is om mee verder te gaan.

3.7.2
MIDDENDEEL

In het middendeel komt de schrijver tot de uitwerking van zijn onderwerp. Hij gaat dieper op de materie in, geeft voorbeelden, komt met argumenten en conclusies. Het middendeel beslaat meerdere alinea's.

3.7.3
SLOT

In het slot komt de schrijver tot een afronding van zijn verhaal. Hij geeft bijvoorbeeld nog eens een korte samenvatting van zijn betoog; geeft een slotconclusie over het geheel of een goed advies. Deze alinea is daarom bij oriënterend lezen ook heel belangrijk.

3.7.4
STRUCTUURSCHEMA

Na globaal lezen moet je een structuurschema van de gelezen tekst kunnen maken. In een structuurschema geven we kort de belangrijkste informatie uit de tekst weer. We doen dat zo veel mogelijk in eigen woorden en per alinea. Op die manier weet je dat je begrepen hebt wat je hebt gelezen en je hebt de belangrijkste zaken op een rijtje. Het is de voorloper voor de uiteindelijke samenvatting.

3.7.5
OEFENEN

Laten we eens een structuurschema maken aan de hand van de volgende tekst.

Figuur 3.3
De opbouw van
een tekst.

Bron: NRC-
Handelsblad,
25 augustus
2007.

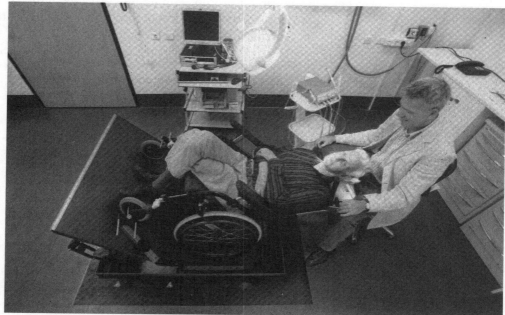

Een rolstoelpatiënt op de kantelvloer bij de tandarts. (Foto Dirk-Jan Visser)

Tuimelend naar de tandarts

Een enigszins verborgen probleem. Ernstig gehandicapten die hun leven in een rolstoel moeten slijten, kunnen vaak geen adequate behandeling bij een tandarts krijgen.

Door MARKUS MEULMEESTER

De directeur van het Rotterdamse Centrum voor Reuma en Revalidatie Wim van Deventer is een man van zijn woord. Dat zegt hij. Tegen zijn patiënten zegt hij: hier is alles mogelijk. Ook toen de voorzitter van de patiëntenraad een jaar geleden bij hem kwam en vertelde dat een groot aantal rolstoelpatiënten geen behandeling bij een tandarts kon krijgen. Ten eerste doordat zij niet zelf uit hun rolstoel naar de tandartszetel konden overstappen en ten tweede doordat er mensen zijn die op de tandartsstoel hun evenwicht verliezen. Zij vroeg: „Jullie zeggen toch altijd dat alles kan, nou los dit dan maar eens op!"

Voor Van Deventer en zijn collega Tom Bank een reden om een team van deskundigen in het leven te roepen. Daaruit is de Universele Rolstoel Manipulator (URM) ontwikkeld. Door Van Deventer schertsend 'tuimelaar' genoemd. Met het ontwikkelde apparaat kan een rolstoelgebruiker op zijn eigen rolstoel naar de tandarts en kan de gehandicapte in een bijna horizontale positie (160 graden) worden gebracht. Het ontwikkelde en gepatenteerde prototype heeft 300.000 euro gekost, welk bedrag door sponsors, Humanitas en over-

heidssubsidies bij elkaar is gesprokkeld.

De tuimelaar is een in de vloer verzonken plateau van ruim een vierkante meter waarop de rolstoelen mechanisch met behulp van elektromotoren kunnen worden verankerd en gekanteld. De verankering van de rolstoel kan zowel in als op de voorwielen. Het plateau is berekend op een maximaal gewicht van 500 kilo.

Nu steeds meer ouderen en rolstoelgebruikers tot op hoge leeftijd hun eigen gebit houden, is er volgens Van Deventer steeds meer behoefte aan tandartszorg. Uit een studie van de beroepsvereniging van verpleeghuisartsen en geriaters NVVA blijkt dat tandheelkundige zorg en dagelijkse gebitsverzorging in inrichtingen veel te wensen over laat. Van mensen boven de 70 jaar heeft een op de vijf de afgelopen tien jaar geen tandarts bezocht.

Volgens recente cijfers van het Sociaal en Cultureel Planbureau (*Meedoen met beperkingen*) zijn er naar schatting 225.000 tot 250.000 mensen met een rolstoel. Van Deventer denkt dat er circa 35.000 rolstoelgebruikers zijn die moeilijk of niet zelfstandig uit hun rolstoel kunnen komen en voordeel van het apparaat hebben. De belangrijkste doelgroep voor de 'tuimelaar' zijn patiënten uit de verpleeginstellingen en verzorgingshuizen. „Dat zijn mensen met chronische ziekten, dwarslaesie, MS, Parkinson, reuma, kanker en mensen die een beroerte hebben gehad."

Van Deventer hoopt dat verpleeghuizen en ziekenhuizen de URM voor hun patiënten aanschaffen. In het Rotterdamse

centrum heeft hij in een aparte kamer het prototype laten installeren zodat de tandarts daar zijn werk kan doen. In de praktijk blijkt hij prima te voldoen en is de tandarts tevreden omdat hij de patiënten kan helpen zonder zijn rug extra te belasten. En ook de patiënten zijn tevreden, beaamt de voorzitster van de patiëntenraad.

Spark Engineering in Ridderkerk ontwikkelde met de makelaars in medische technologie AH&RH den Ouden het apparaat dat geschikt is voor vrijwel alle typen rolstoelen. Na behandeling verdwijnt het toestel in de vloer, waarna de kamer voor andere activiteiten kan worden gebruikt.

Het uitvindersteam bestond uit revalidatieartsen, een tandarts, een medewerker van het productiebedrijf en een hoogleraar industrieel ontwerpen van de Technische Universiteit Delft. Het team wil dat ook dat patiënten elders in het land de vinding kunnen gebruiken. Zij denken aan universiteitsklinieken, ziekenhuizen en verpleeginstellingen.

Van Deventer: „Het aardige van de tuimelaar is dat die ook gebruikt kan worden voor behandelingen aan de voeten door een pedicure of een kapper." Hij denkt dat in Nederland behoefte is aan zo'n 500 tuimelaars. De directeur verwacht dat als het toestel volgend jaar in productie komt en 40.000 euro zal kosten. Over de uiteindelijke naam is nog geen overeenstemming. Van Deventer: „Wij gebruiken zelf rolstoelkantelaar of manipulator. Maar dat heeft een negatieve bijklank. Wij denken nu aan tuimelaar of tuimelstoel. Maar dan weet je het eigenlijk nog niet."

Indeling in alinea's

Om de tekst goed te kunnen bestuderen, tellen we eerst uit hoeveel alinea's het artikel bestaat: met de inleiding samen zijn het er tien. Zet voor elke alinea een nummer.

Hoe zit de tekst in elkaar?
– In de inleiding (alinea 1) wordt het probleem kort uitgelegd.
– In het middeldeel (alinea 2-9) wordt eerst uitgelegd hoe men tot de ontwikkeling van de Universele Rolstoel Manipulator kwam en wordt de ontwikkelingsfase en de werking van het toestel beschreven. Daarna wordt gewezen op de vergrijzing en de gebruiksmogelijkheden in instellingen en verzorgingstehuizen. Men is tevreden

over het gebruik van dit prototype in de praktijk, ook al omdat men het toestel na gebruik in de vloer kan laten verdwijnen. Het uitvindersteam hoopt dat het toestel ook elders in het land zal worden gebruikt.

– In het slot (alinea 10) wijst de heer Van Deventer op nog geheel andere gebruiksmogelijkheden (pedicure en kapper). De afzetmogelijkheid van 500 toestellen en de prijs € 40.000 worden genoemd. Er is nog geen definitieve naam vastgesteld.

Alinea's:

1 uitleg van het probleem;
2 het hoe en waarom van het ontstaan van de tuimelaar;
3 de ontwikkelingsgeschiedenis van de tuimelaar;
4 de beschrijving van de tuimelaar;
5 de vergrijzing en gebitsverzorging in instellingen;
6 de doelgroep van de tuimelaar;
7 het gebruik in de praktijk;
8 toestel voor alle typen rolstoelen geschikt;
9 het uitvindersteam;
10 afronding van het artikel: andere gebruiksmogelijkheden, kosten, verkoopmogelijkheden en naam.

Korte beschrijving van de inhoud van de alinea's:

1 In de korte inleiding wordt het probleem aan de orde gesteld: gehandicapten in een rolstoel kunnen vaak niet goed worden behandeld bij de tandarts.
2 Wim van Deventer is directeur van het Centrum voor Reuma en Revalidatie in Rotterdam. De voorzitter van de patiëntenraad wees hem erop dat veel rolstoelpatiënten geen behandeling bij de tandarts konden krijgen omdat ze *a*, niet zelf uit de rolstoel naar de behandelstoel kunnen lopen en *b*, er mensen zijn die op die stoel hun evenwicht verliezen. De voorzitster van de patiëntenraad zei: 'Als hier alles kan, los dit probleem dan maar eens op.'
3 Er werd een team van deskundigen samengesteld dat de Universele Rolstoel Manipulator (URM) ontwikkelde. Hiermee kan de rolstoelgebruiker in zijn eigen stoel door de tandarts in bijna horizontale positie worden behandeld.
4 In deze alinea wordt de werking van de tuimelaar uitgelegd. Het is een in de vloer verzonken plateau. Met behulp van elektromotoren wordt de stoel verankerd en gekanteld. Het plateau kan maximaal 500 kilogram dragen.
5 Mensen worden steeds ouder met hun eigen gebit. Maar de gebitsverzorging in instellingen is niet voldoende: van de mensen boven de 70 heeft een op de vijf in de afgelopen tien jaar geen tandarts bezocht.
6 (Dit is een langere alinea, waarin cijfers worden gegeven.) In ons land zijn ongeveer 225.000 tot 250.000 rolstoelpatiënten. Ongeveer 35.000 van hen kunnen niet of heel moeilijk uit hun rolstoel komen. De belangrijkste doelgroep voor de tuimelaar is de groep patiënten in verpleeghuizen. Van Deventer noemt o.a.: chronische patiënten, mensen met een dwarslaesie.
7 Van Deventer zegt dat de tandarts die in het Rotterdamse centrum met het apparaat werkt heel tevreden is, net als zijn patiënten.
8 De ontwikkelaars van het apparaat – Spark Engineering in Ridderkerk – samen met makelaars in medische technologie zeggen dat de tuimelaar geschikt is voor alle soorten rolstoelen. Omdat het toestel na behandeling weer in de vloer verdwijnt, kan de ruimte na behandeling weer voor iets anders worden gebruikt.
9 Deze alinea gaat over het uitvindersteam dat uit verschillende personen met praktijkervaring bestond, plus iemand van het productieteam en een hoogleraar industrieel ontwerpen van de TU Delft. Natuurlijk willen zij dat het toestel ook in andere tehuizen en instellingen wordt gebruikt.
10 De afsluiting waarin Van Deventer aan het woord komt. Hij wijst erop dat de tuimelaar ook bijvoorbeeld bij de pedicure of de kapper kan worden gebruikt. Hij

denkt aan een markt van 500 toestellen die € 40.000 per stuk moeten gaan kosten. Een definitieve naam voor het toestel is er nog niet. Misschien rolstoelkantelaar of tuimelaar.

We komen even terug op de signaal- en verwijswoorden die in paragraaf 3.6.1 zijn behandeld. Signaalwoorden zijn woorden die naar woorden of woordgroepen verwijzen of een teken dat je moet opletten omdat er bijvoorbeeld een opsomming komt. Deze woorden kunnen je dus helpen bij het maken van een structuurschema of een samenvatting. In het stuk over de tuimelaar staan niet veel signaal- of verwijswoorden. Enkele voorbeelden:
- Alinea 1 regel 3: *Dat* verwijst naar: is een man van zijn woord.
- Alinea 1 regel 9: *Ten eerste*: dit is een signaal, na 'ten eerste' volgt meestal een 'ten tweede' enzovoort.
- Alinea 2 regel 3: *Daaruit* verwijst naar een team van deskundigen.

Opdracht 29
Zoek nu in het artikel *Pil-vergeten-advies* uit opdracht 27 vier signaal- of verwijswoorden. Schrijf ze op en noteer waarnaar ze verwijzen of welke andere functie ze hebben. Vergelijk de gevonden woorden met die van een klasgenoot.

3.8

Samenvatten

Na intensief lezen ben je in staat een samenvatting van de tekst te maken. Het structuurschema is daar al een goede voorbereiding op. In het structuurschema geef je de hoofdzaken van de tekst aan, de grote lijnen. In de samenvatting schrijf je, met je structuurschema als uitgangspunt, een goed lopend verhaal. Iemand die het originele verhaal niet heeft gelezen, moet na het lezen van de samenvatting weten waar het stuk over ging en wat daarin belangrijk was.

Bij het maken van de samenvatting heb je natuurlijk wel de originele tekst nodig om belangrijke voorbeelden en/of argumenten na te zoeken. In de samenvatting volg je het originele stuk; je mag dus niet de volgorde veranderen. Wel kun je een eigen alinea-indeling maken. Het is niet de bedoeling dat je stukken tekst letterlijk overschrijft. Gebruik zo veel mogelijk je eigen woorden.

Bij intensief lezen stel je jezelf de volgende vragen:
- Als de schrijver meningen geeft: welke argumenten gebruikt hij?
- Als hij iets beweert: hoe geeft hij het weer en hoe komt hij tot bepaalde conclusies?
- Als hij objectieve zaken behandelt: welke voorbeelden, getallen of toepassingen geeft hij?

Opdracht 30
Probeer in het stuk *Tuimelend naar de tandarts* een antwoord op deze vragen te vinden. Schrijf de antwoorden op.

Opdracht 31
Lees het artikel *Tuimelend naar de tandarts* nog een keer. Pak het structuurschema erbij en maak de samenvatting.

Lees daarna onze samenvatting. Komen ze een beetje overeen?

Titel: Tuimelend naar de tandarts
Schrijver: Markus Meulmeester
Bron: NRC-Handelsblad

Voor ernstig gehandicapte rolstoelgebruikers is een goede behandeling bij de tandarts praktisch onmogelijk.

Wim van Deventer is directeur van het Rotterdams Centrum voor Reuma en Revalidatie. Hij vindt dat voor zijn patiënten alles mogelijk moet zijn. De voorzitster van de patiëntenraad wees hem op het tandartsprobleem voor rolstoelgebruikers en zei tegen hem: 'Los dit probleem dan maar eens op.'

Van Deventer stelde een team van deskundigen samen dat de Universele Rolstoel Manipulator (URM) ontwikkelde. Met dit apparaat (ontwikkelkosten € 300.000) kan de patiënt in zijn rolstoel 160 graden worden gekanteld en zo worden behandeld door de tandarts.

De tuimelaar, zoals Van Deventer hem noemt, is een in de vloer verzonken plateau. De rolstoel kan erop worden geplaatst, waarna hij met behulp van elektromotoren wordt verankerd en kan worden gekanteld. Op het plateau kan een gewicht van max. 500 kg staan.

Mensen worden tegenwoordig steeds ouder terwijl ze hun eigen gebit behouden. Gebitsverzorging is dus ook voor hen noodzakelijk. Maar van de mensen boven de 70 jaar die in instellingen verblijven, heeft een op de vijf de laatste 10 jaar geen tandarts bezocht.

Het Sociaal Cultureel Planbureau schat dat er in ons land tussen de 225.000 en 250.000 mensen zijn die op een rolstoel zijn aangewezen. Van Deventer denkt dat 35.000 van hen baat bij het apparaat zouden kunnen hebben omdat zij niet of moeilijk zelf uit hun rolstoel kunnen komen. Vooral patiënten uit verpleeg- en verzorgingshuizen zullen gebaat zijn met dit apparaat omdat zij dikwijls een chronische ziekte of aandoening hebben.

Van Deventer hoopt dat verpleeg- en ziekenhuizen de URM zullen aanschaffen. De ervaringen in zijn centrum zijn zeer positief.

Het apparaat is door Spark Engineering in Ridderkerk met makelaars in de medische technologie ontwikkeld. Na gebruik verdwijnt het apparaat in de vloer, zodat je de ruimte weer voor iets anders kunt gebruiken.

Het uitvindersteam bestond uit revalidatieartsen, een tandarts en een hoogleraar industrieel ontwerpen van de TU Delft. Ook zij wensen een zo breed mogelijk gebruik van de tuimelaar.

Van Deventer wijst erop dat de tuimelaar ook door bijvoorbeeld de kapper of de pedicure kan worden gebruikt. Hij schat de behoefte op zo'n 500 stuks die € 40.000 per stuk moeten gaan kosten. Over de uiteindelijke naam is nog geen beslissing genomen; misschien rolstoelkantelaar, tuimelaar of tuimelstoel.

Opdracht 32

Zoek, in overleg met je docent de komende vijf weken, drie artikelen uit die iets met je toekomstige beroep te maken hebben. Volg de leesstrategieën: voor het uitkiezen zul je oriënterend lezen toepassen, om een structuurschema te kunnen maken, ga je globaal lezen en voor het maken van een echte samenvatting moet je intensief lezen. Nadat je de samenvatting hebt gemaakt, lees je het artikel nog eens kritisch en schrijf je je mening, voorzien van argumenten, op.

3.9

Informeren: mondelinge en schriftelijke informatie

Er zijn verschillende werksituaties te bedenken waarin je mondeling informatie moet geven. Aan de balie geef je informatie over bijvoorbeeld afspraken, onderzoeken, medicijngebruik. Ook aan de telefoon zijn er elke dag momenten waarop je patiënten informeert over allerlei uiteenlopende zaken. Daarnaast kan er ook op een andere manier een beroep op je worden gedaan om mondeling informatie te verstrekken aan derden. Denk bijvoorbeeld aan een spreekbeurt of een informatieavond.

Een assistent moet ook schriftelijk kunnen informeren, bijvoorbeeld voor school: je stageverslag of een werkstuk. Maar het kan ook zijn dat je collega's of patiënten schriftelijk informatie moet verstrekken, bijvoorbeeld: memo's, voorlichtingsartikeltjes, verslag van een werkoverleg.
Ook dan is een goede voorbereiding het halve werk.

Figuur 3.4
Mondeling informatie overbrengen.

3.9.1

VOORBEREIDINGEN

Wanneer je een feestje wilt geven, ga je meestal volgens een bepaald plan te werk. Er is meestal een reden voor het feest; je bent bijvoorbeeld 18 geworden. Eerst bepaal je de datum, de tijd en de plaats van het feest. Geef je het thuis of ergens anders? Daarna maak je een lijst met mensen die je wilt uitnodigen. De uitnodiging moet worden gemaakt en verstuurd. Je gaat je vervolgens verdiepen in alle lekkere dingen die je je gasten wilt voorzetten en de drankjes die je zult schenken. Daarvoor moet je een boodschappenlijst maken.
Aan dit simpele voorbeeld kun je al zien dat je, als je iets goed wilt aanpakken, de zaak moet voorbereiden. Bij het geven van informatie, of dat nu mondeling of schriftelijk is, is dit precies hetzelfde.

We gaan uit van een concreet voorbeeld. Stel, je wordt door de redactie van je buurtkrant gevraagd een artikel te schrijven over de opleiding die je nu volgt en de toekomstmogelijkheden van het beroep waarvoor je wordt opgeleid. Misschien schrik je wel van die vraag en denk je bij jezelf: 'Dat kan ik nooit!' Maar je wilt geen raar figuur slaan, dus stem je toe. Hoe ga je de zaak aanpakken?

Zet een paar dingen voor jezelf op een rijtje:
- In welke vorm giet ik mijn verhaal?
- Hoelang moet/mag het worden?
- Wanneer moet het af zijn?
- Gebruik ik de computer en lever ik het op een diskette in?
- Voor welk publiek schrijf ik mijn verhaal?
- Wat wil ik ermee bereiken?
- Wat moet er in ieder geval in staan?

De vorm
Wil je de tekst als een soort verhaaltje brengen of als een interview met een denkbeeldige gesprekspartner? Heb je nog andere ideeën over de vorm?

De lengte
Vraag aan de redactie van het krantje hoe lang de tekst moet zijn.

De inleverdatum
Ook hierover maak je afspraken. Zet de datum in je agenda en bedenk hoeveel tijd je nodig hebt om alle voorbereidingen te treffen en het artikel te schrijven. Maak daarna een planning en schrijf in je agenda op wanneer je eraan gaat werken. Plan niet te krap!

Hulpmiddelen
Waarschijnlijk zul je de computer gebruiken. Moet je daarvoor tijd reserveren in bijvoorbeeld het Open Leercentrum? Heb je een lege cd?

Publiek
Wie leest straks je verhaal? Ouders van toekomstige leerlingen? Leeftijdgenoten die interesse hebben in het beroep? Maak een keuze en stem je artikel af op je publiek. Als je voor leeftijdgenoten schrijft, gebruik je andere woorden en een andere stijl dan wanneer je voor hun ouders schrijft. Houd rekening met wat je lezers mogelijk al over het onderwerp weten.

Doel
Wil je alleen amuseren? Of ook informeren of stimuleren?

De inhoud
Probeer op dit moment in je voorbereiding te bepalen wat in ieder geval in je artikel opgenomen moet worden. Dit kun je doen met de zogenaamde 'brainstorm-methode'. Schrijf in maximaal vijf minuten op wat je over het onderwerp van je keuze te binnen schiet. De volgorde maakt niet uit. Het maakt ook niet uit of je het onzin vindt en of je het later wel of niet gebruikt.

Opdracht 33
Beantwoord de gestelde vragen in je schrift.

3.9.2

W-VRAGEN

Tijdens de eerste voorbereidingen heb je voor jezelf al een aantal zaken duidelijk gekregen. We gaan verder met de volgende stappen:
- De brainstormresultaten: je weet wat er in ieder geval in moet komen.
- Je gedachten bepalen met behulp van de W-vragen. W-vragen kunnen je helpen je onderwerp helder te krijgen en geven ook inzicht in de zaken waarover je misschien zelf informatie moet inwinnen.

De W-vragen:
- Wie heeft ermee te maken; wie gaat het aan?
- Wat weet ik zelf en wat moet ik nog opzoeken?
- Wat is het hoofdthema en wat zijn de subthema's?
- Waar heeft het mee te maken?
- Wanneer komt het voor?
- Waarom wordt het op die manier gedaan?
- Welke eigenschappen/kenmerken heeft het?
- Welke problemen kunnen optreden?
- Welke voor- en nadelen zijn eraan verbonden?
- Welke mening heb ik zelf?
- Welke voorstellen heb ik om iets te veranderen?

Opdracht 34
Loop de W-vragen door en kijk of je de antwoorden voor jouw eigen tekst kunt vinden. Schrijf de antwoorden op.

3.9.3

ORDE SCHEPPEN

Met deze gegevens gaan we nu bekijken wat we waar willen gebruiken in de tekst. Je weet: een goed verhaal heeft een inleiding, midden en slot.

Opdracht 35
Geef in telegramstijl aan wat je in de inleiding gebruikt, wat in het middendeel en wat in het slot. Geef ook de volgorde aan. Je merkt vanzelf of je nog iets te binnen schiet wat erbij moet. Als je wilt weten welke informatie in welk deel thuishoort, zoek je het op in de paragraaf over de leesstrategieën.

3.9.4

AAN DE SLAG

Je hebt de voorbereidingen gedaan en kunt nu tot het eigenlijke schrijfwerk overgaan.

Opdracht 36
Eerst maak je de kladversie. Denk aan een goede alinea-indeling. Als die klaar is, lees je hem kritisch door. Laat hem eventueel ook aan een ander lezen. Haal de spel- en stijlfouten eruit. Is alles duidelijk voor je lezers? Ben je niets vergeten wat belangrijk is?
Wanneer je alle verbeteringen hebt aangebracht, maak dan een mooie netversie. Misschien kun je er een illustratie bijdoen.

Opdracht 37
Voor apothekersassistenten:
Maak een tekst voor een folder over zelfzorggeneesmiddelen of over het gevaar bij het slikken van (te veel) pijnstillers.

Voor doktersassistenten:
Schrijf voor de patiënten uit de praktijk van dokter Huisintvelt een artikel over het nut van de griepprik of maak een folder voor zijn patiënten over de voorzorgen die zij kunnen nemen als ze op vakantie naar het buitenland gaan.

Voor tandartsassistenten:
Schrijf voor de patiënten van tandarts Kwakernaak een folder over ouderen en hun gebitsproblemen of schrijf een artikeltje over angstige kinderen en de tandarts.

3.10

Boodschappen aannemen en doorgeven

Het is druk in de praktijk. De hele ochtend ratelt de telefoon. De patiënten komen met allerlei problemen aan de balie, een vertegenwoordiger wil een afspraak maken. Er zijn ook een paar dingen die je straks even moet doorspreken met collega's. Natuurlijk kun je niet alles onthouden.

– Wat doe je gewoonlijk als je een schriftelijk berichtje wilt doorgeven?
– Komt je boodschap altijd duidelijk over?

In de praktijk, apotheek of instelling waar je straks gaat werken, zul je regelmatig boodschappen moeten doorgeven aan anderen. Dat kunnen bijvoorbeeld boodschappen zijn naar aanleiding van een telefoontje, maar ook aan de balie kan het gebeuren dat je een boodschap moet doorgeven aan de arts, apotheker of een patiënt. Het is handig om een systeem te hebben waarmee je op een adequate manier de boodschap goed overbrengt.

3.10.1

BOODSCHAP DOORGEVEN

Stel je werkt in een apotheek en je hebt dienst aan de balie. De apotheker vraagt: 'Als mevrouw Havermans zo komt, wil je dan even een boodschap van mij doorgeven?' Natuurlijk wil je dat wel. De apotheker zegt: 'Wil je haar doorgeven dat ze haar medicijn niet voor drie maanden mee kan krijgen? Ik geef voor vijf dagen mee. Haar medicijn wordt namelijk niet zo vaak voorgeschreven en ik heb er niet zo'n grote voorraad van. Ik heb het vanmorgen besteld. Zeg maar dat we het morgen even komen bezorgen.'
Het is op zo'n moment heel verleidelijk om gewoon door te gaan met je werk en te denken: 'Als ze zo komt, zeg ik het wel.' Maar er kan van alles tussenkomen: je kunt net even naar het toilet zijn of het wordt ineens heel druk, waardoor je collega mevrouw Havermans te woord staat. In zo'n geval is het handig een aantekening te maken en de boodschap ook aan je collega te melden.
1 Hoe zou jouw aantekening eruit hebben gezien?
2 Hoe riskant kan het zijn om geen aantekeningen te maken?
3 Geef de boodschap mondeling door aan een klasgenoot.

3.10.2

MEMO

Een vorm van schriftelijk informeren in de praktijk is de memo. Neem het geval dat de (tand)arts of de apotheker druk bezig is en niet gestoord kan worden. De telefoon gaat: iemand wil hem spreken. Je legt vriendelijk uit dat dit nu niet mogelijk is en vraagt of je de boodschap kunt aannemen. De beller geeft de boodschap aan jou door. Om het niet te vergeten en ook om misverstanden te voorkomen, noteer je de boodschap kort en duidelijk. Als je alles hebt genoteerd, herhaal je het bericht even ter controle.

Je noteert:
– wie gebeld heeft; naam en eventueel adres goed noteren;
– hoe laat er gebeld is;
– de inhoud van de boodschap: kort, duidelijk, volledig;
– moet er worden teruggebeld? Dan nummer noteren.

Voor het schriftelijk doorgeven van boodschappen worden ook wel memoblokjes gebruikt. Hier zie je een voorbeeld. Om te oefenen kun je er een paar kopieën van maken.

Figuur 3.5
Telefoon- of be-
zoeknotitie.

```
TELEFOONNOTITIE        Naam: _____
BEZOEKNOTITIE          Adres: _____
                       Postcode/woonplaats: _____
Datum: _____      Tel.: _____
Tijd: _____     Fax: _____

Gesproken met: _____
Aangenomen door: _____
Ontvangen door: _____

Onderwerp/ boodschap:
_____
_____
_____
_____

Te behandelen door: _____        Afgehandeld: _____
☐  terugbellen
☐  schriftelijk berichten            Datum: _____
☐  offerte zenden                    Tijd: _____
☐  ter kennisneming                  Paraaf: _____
☐  bespreken
```

Tip
Je kunt ook zelf een memoformulier maken op de computer met de Wizard Memo in Word.

Opdracht 38
Je werkt als assistente in een praktijk of apotheek. De telefoon gaat, mevrouw Zwaansdijk is aan de lijn. Zij heeft voor die middag om half vier een afspraak met de (tand)arts of de apotheker, maar ze staat hopeloos in de file en het is al kwart over drie. Ze haalt de afspraak nooit. Ze vraagt aan jou om de boodschap door te geven en

tevens te zeggen dat ze in ieder geval langskomt, maar dat ze niet precies weet hoe laat. De (tand)arts of de apotheker is op dat moment druk aan het vergaderen, zodat je niet kunt storen.

Je schrijft de boodschap op het memoblok. Bespreek het resultaat met een klasgenoot.

Opdracht 39

Hieronder staat de letterlijke weergave van een telefoongesprek. Lees het goed door, maak aantekeningen en schrijf aan de hand van je aantekeningen een telefoonmemo. Je kunt daarvoor de afgebeelde memo gebruiken of er eentje aan je docent vragen.

A: Goedemorgen met groepspraktijk Het Hoogt, met Anja Willems.

B: Goedemorgen mevrouw, met Oldewille van het Dentallab. U hebt ons gisteren een viertal afdrukken gestuurd; twee van mevrouw Kaasdrager en twee van de heer Poetsman. Helaas is er iets niet goed gegaan, want twee afdrukken zijn gebroken aangekomen! U begrijpt dat we ze zo niet kunnen verwerken.

A: O, wat vervelend. Zijn ze van één patiënt?

B: Nee, helaas van alle twee. Van mevrouw Kaasdrager de afdruk van het ondergebit en van de heer Poetsman die van het bovengebit.

A: Dat zal de tandarts niet leuk vinden! Ik zal het hem doorgeven; er zullen nieuwe afdrukken moeten worden gemaakt.

B: Ja, jammer genoeg wel. Als u ze zelf zou kunnen bezorgen, dan zullen wij ze met voorrang verwerken. Belt u dan wel even vooraf?

A: Ja, dat is goed, ik zal het doorgeven. Met wie heb ik gesproken?

B: Met Oldewille.

A: Mag ik ook nog even uw nummer, dan hoef ik het niet op te zoeken.

B: 020 7899302.

A: Ik heb het genoteerd: 020 7899302. U hoort van ons. Dag mijnheer Oldewille.

Opdracht 40

Je werkt als doktersassistent in een drukke huisartsenpraktijk. Na het ochtendspreekuur is dokter Zomer snel aan haar visites begonnen. Normaal gesproken komt ze rond 13.00 uur weer terug voor de lunch en een korte bespreking. Daarna begint het middagspreekuur om 14.00 uur.

Tijdens haar afwezigheid heeft mevrouw Derksen gebeld om te melden dat haar man met spoed is opgenomen. Hij kan dus niet op zijn afspraak van 14.15 uur komen. Ze vroeg of je dit aan de dokter wilt doorgeven. Om 13.15 uur belt dokter Zomer op om je te zeggen dat ze erg is opgehouden bij een patiënt. Ze kan niet om 14.00 uur terug zijn voor het spreekuur. Ze vraagt aan jou de patiënten voor die middag af te bellen en een nieuwe afspraak te maken.

1 Maak de telefoonmemo naar aanleiding van het gesprek met mevrouw Derksen.

2 Wat vertel je aan dokter Zomer als zij je belt?

3 Geef in dialoogvorm de inhoud van het gesprek weer met mevrouw Garsen, die om 14.00 uur zou komen.

Bespreek jouw resultaten met een of twee klasgenoten. Denk aan de volgende punten:

– Zijn mijn aantekeningen volledig?

– Komt mijn boodschap duidelijk genoeg over?

– Staan er spelfouten in mijn boodschap?

Het kan van levensbelang zijn om de juiste aantekeningen te maken. Zorg er daarom voor dat je een blocnote naast de telefoon hebt liggen. Het maken van aantekeningen is altijd handig, ook als je geen boodschap zou moeten doorgeven.
– Tijdens het gesprek maak je korte notities.
– Probeer altijd de naam te noteren van degene die opbelt.
– Schrijf in telegramstijl op wat wordt gezegd.
– Herhaal aan het eind van het gesprek nog even de belangrijkste zaken.
– Als je de naam niet goed hebt verstaan, vraag hem dan nog een keer.

Een notitie op een gewoon blaadje zou er zo kunnen uitzien:

> Mevr. Akkermans
> Pijnklachten: lage rugpijn en stijve spieren, koorts: afspraak gemaakt 14.30 u.

Of:

> De heer Gerritsen:
> – pijn bij plassen
> – bloed in urine
> – misselijk
> – blaasontsteking?
>
> Ongerust: vorige maand ook al!
> Morgen ochtendurine en afspraak voor 10.00 u.

Een voordeel van het maken van dit soort aantekeningen is dat je heel geconcentreerd luistert, waardoor je de boodschap beter in je opneemt. Een ander voordeel is dat je met behulp van je aantekeningen bepaalde zaken kunt signaleren. Als assistent heb je ook een signaalfunctie; dingen die je opvallen, kun je doorgeven aan de arts. Misschien is die informatie voor hem een goede aanvulling bij de diagnose.

3.11

Verslag leggen en rapporteren

Je maakt een (schriftelijk) verslag:
– om een ander te laten weten wat er precies is gebeurd of besproken.
– om zelf de gang van zaken beter te kunnen onthouden.

Tijdens de beroepsvoorbereidende periode maak je verslagen: je beschrijft bijvoorbeeld hoe je een bepaalde handeling hebt gedaan en wat daarbij goed en fout ging. Je maakt ook een verslag van je tussentijdse beoordelingsgesprek, zodat je daar later met je begeleider van school over kunt praten.

Bij het maken van verslagen of rapporten is het belangrijk dat je het verschil tussen objectief en subjectief verslag leggen goed in de gaten houdt. Als je van iemand beweert dat hij vreselijk van streek is, is dit een subjectieve observatie; jij vindt dat degene die je observeert van streek is. Maar waar blijkt dit uit? Met andere woorden: uit welke objectieve observatie blijkt dit? Schreeuwde de persoon bijvoorbeeld tegen je of hij liep rood aan?

– Objectieve weergave: alleen de feiten weergeven.
– Subjectieve weergave: je eigen uitleg geven van dat wat je hebt gezien.

Opdracht 41

Drie verslagjes uit de praktijk. Haal de objectieve en de subjectieve gedeeltes eruit en schrijf ze op. Bespreek je aantekeningen met een klasgenoot.

Vandaag kwam mevrouw Boermans bij ons op het spreekuur. Zij was heel zenuwachtig. Dat is ze altijd als ze naar de tandarts moet, zei ze. Ze pakte heel geagiteerd het ene na het andere tijdschrift, bladerde er even in, gooide het dan weer slordig op de tafel. Ze ging in het kwartier dat ze moest wachten wel twee keer naar het toilet. Telkens keek ze op haar horloge.

Mijnheer Pietersma had het weer op zijn heupen vandaag! Zeker slecht geslapen of ruzie met zijn vrouw. Toen hij binnenkwam, reageerde hij niet op mijn begroeting. Hij ging met een stug gezicht zitten en staarde voor zich uit. Na twee minuten stormde hij op me af en riep boos: 'Moet ik hier nog lang zitten wachten? Mijn tijd is ook geld, hoor!' Ik zei tegen hem dat hij zo aan de beurt was; hij had een afspraak om 11.30 uur en het was 11.25 uur. Hij snauwde me daarop toe dat hij verrekte van de pijn en dat hij geen zin had om te wachten.

Vandaag had ik een gesprek met mijn stagebegeleidster van school. Ik moest met haar over mijn tussenrapportage praten. In de eerste plaats kwam ze veel te laat. Ik had om 14.00 uur afgesproken, maar ze kwam pas om 14.15 uur. Ze zei helemaal niet waarom ze zo laat was!
Toen moest ik vertellen hoe ik vond dat het op mijn stage ging. Ik vond dat het wel goed ging. Het is er heel gezellig en zo, en ik mag ook van alles doen. Maar die begeleidster van de stage vond mij niet zo goed. Ze had tegen de begeleidster van school gezegd dat ze vond dat ik te weinig initiatief neem en dat ik niet nauwkeurig genoeg ben. Ze zei dat ik niet uit mezelf de telefoon aanneem en dat ik aan de balie een slome indruk maak. Verder zei ze dat ik vaak te laat kom en de statussen niet goed bijhoud.

Het is goed om bepaalde zaken schriftelijk vast te leggen. Je wordt gedwongen om actief te luisteren en later kan het een goed hulpmiddel zijn om je beter te herinneren hoe het allemaal ook alweer ging.

Opdracht 42

Maak op school een dag lang aantekeningen over alles wat er gebeurt. Houd je aantekeningen kort, in telegramstijl. Schrijf namen wel voluit. Vertel later aan een klas- of huisgenoot wat er op die dag gebeurd is. Gebruik daarbij je aantekeningen. Vraag na afloop of je een duidelijk beeld van het verloop van de dag hebt gegeven.

Opdracht 43

Werk je aantekeningen uit tot een schriftelijk verslag. Let ook op spelling en stijl!

3.12

Mondeling informeren

In het begin van dit hoofdstuk hebben we het al even gehad over een praktijksituatie waarbij je mondeling informatie geeft. Er zijn natuurlijk nog meer van deze situaties te bedenken:
- Aan de balie of de telefoon: afspraken maken, informatie geven over praktijktijden, behandelingen, medicijnen, prijzen en producten.
- Je kunt ook gevraagd worden om een spreekbeurt te houden over je werk, de opleiding of een onderwerp.
- Soms moet je mensen instrueren: dan leg je bijvoorbeeld een patiënt uit hoe een bepaald hulpmiddel moet worden gebruikt of laat je een stagiaire zien hoe een bepaalde handeling moet worden uitgevoerd, zodat ze het daarna zelf kan.
- Het kan ook gebeuren dat je gevraagd wordt om een nieuw product te demonstreren.

Op deze laatste drie mogelijkheden gaan we hier wat dieper in.

3.12.1

SPREEKBEURT

Je bent gevraagd om op je oude school de leerlingen uit de hoogste klassen iets te vertellen over de opleiding die je nu volgt, in dit geval de opleiding tot tandartsassistent. Hoe ga je dit aanpakken?
Eerst de meest praktische zaken:
- Waar gaat de spreekbeurt over: titel/onderwerp?
- Wanneer en waar wordt de spreekbeurt gehouden? (ook opschrijven in je agenda!)
- Hoe lang mag hij duren?
- Wat is mijn doelgroep?
- Wat weet mijn doelgroep al over dit onderwerp?
- Wat wil ik bereiken?

Nu gaan we ons met de inhoudelijke zaken bezighouden:
- Wat weet ik zelf over het onderwerp?
- Wat moet ik nog opzoeken?
- Welke informatiebron(nen) gebruik ik daarvoor?
- Heb ik hulpmiddelen nodig? Zo ja, welke? (computer, videoapparatuur, schoolbord, microfoon; hulpmiddelen op tijd reserveren).
- Welke informatie moet ik in ieder geval geven?
- Gebruik de W-vragen!
- Sorteren van de gegevens.
- Opstellen van het spreekschema.

Het spreekschema
Je hebt nu de meeste zaken op een rijtje. Vervolgens komt er een belangrijk moment: je gaat een zogenoemd spreekschema maken.

Heb je zelf wel eens geluisterd naar iemand die zijn tekst een kwartier lang stond voor te lezen? Vond je dat ook zo saai? Dat is dus de reden waarom je een spreekschema maakt: als je de spreekbeurt met behulp van een schema houdt, komt je verhaal veel natuurlijker over. Bovendien kun je zo oogcontact met je publiek houden. Een ander voordeel is natuurlijk ook dat het volledig uitschrijven van je verhaal veel meer tijd kost!

Hoe maak je een spreekschema?

Je kunt het schema – net als bij een geschreven tekst – verdelen in inleiding, midden en slot:

– Inleiding: hierin vertel je kort wat het onderwerp van je spreekbeurt is en welke dingen je achtereenvolgens zal behandelen.
– Midden: hierin ga je uitgebreid op je onderwerp in.
– Slot: hierin rond je je verhaal af en geef je eventueel een samenvatting of conclusie. Je kunt je publiek uitnodigen vragen te stellen en eventueel materiaal ronddelen.

Als je hulpmiddelen zoals een computer met overheadprojector gebruikt, geef je in je schema aan waar dit in je verhaal thuishoort. Zorg ervoor dat alles in de juiste volgorde klaarligt. Gebruik je een dvd of een Powerpoint-presentatie? Test de apparatuur dan vlak voordat de spreekbeurt begint.

Print het spreekschema in een duidelijk en groot genoeg lettertype uit. Je kunt eventueel met kleuren markeringen aanbrengen.

Het spreekschema voor een spreekbeurt op je oude school over de opleiding tandartsassistent zou er als volgt uit kunnen zien:

Spreekschema: opleiding tandartsassistent
Datum en tijd: 20 april om 20.30 uur
Plaats: Coornhert College

Inleiding:
Begroeting en voorstellen:
Vandaag wil ik jullie iets vertellen over de opleiding tot tandartsassistent aan ons college.
Eerst vertel ik iets over het werk van de tandartsassistent, daarna vertel ik het een en ander over de opleiding en de toelatingseisen.
Aan het eind van mijn verhaal geef ik gelegenheid vragen te stellen.

Midden:
Werk: wat houdt het werk van een tandartsassistent in?

Balie: telefoon, afspraken, informeren	PP-dia: 1, 2
Aan de stoel: fourhanded dentistry	PP-dia: 3, 4, 5
Andere taken: röntgen techniek administratie steriliseren	PP-dia: 6, 7, 8, 9
Werkgelegenheid solopraktijk groepspraktijk kaakchirurg orthodontist overige:	PP-dia: 10, 11, 12 13

Er is een gebrek aan assistenten!

(laat stapel advertenties zien)

Opleiding:

driejarige dagopleiding, BOL	sheet 1
werken en leren, BBL	sheet 2
theorie en praktijk	PP-dia: 14, 15
vakken	sheet 3
stage	sheet 4
toelatingseisen	sheet 5

Slot:
Ik heb jullie een idee willen geven over opleiding en werk van de tandartsassistent. Ik vind het een afwisselend beroep met veel mogelijkheden en een goede werkgelegenheid.
Zijn er misschien nog vragen, dan kunnen jullie die nu stellen.
Folders op de tafel bij de uitgang!

Opdracht 44
Voor apothekersassistenten:
Bereid een spreekbeurt voor die je in het verzorgingshuis gaat geven over het onderwerp: *Geneesmiddelen en ouderen.*

Voor doktersassistenten:
Bereid een spreekbeurt voor die je op de ouderavond van basisschool De Vlinderboom gaat geven over het onderwerp: *Dikke kinderen; een kwestie van voeding alleen?*

Voor tandartsassistenten:
Bereid een spreekbeurt voor die je op de ouderavond van basisschool De Vlinderboom gaat geven aan de ouders van groep 1 over het onderwerp: *Gebitsverzorging is vanaf de eerste tandjes belangrijk.*

Bij de voorbereiding van de spreekbeurt volg je de stappen zoals beschreven. Je noteert alles in je schrift, inclusief het spreekschema.
Bij het voorbereiden van de spreekbeurt, stel je jezelf de volgende vragen:
– Waarom is dit onderwerp gekozen? Wat is het belang ervan?
– Is het onderwerp voor jou, maar vooral voor je toehoorders belangrijk?
Neem bijvoorbeeld het onderwerp: *Te dikke kinderen; een kwestie van voeding alleen?*
Argumenten voor dit onderwerp zouden kunnen zijn:
– Er zijn steeds meer dikke kinderen.
– Te dik is ongezond, want je hebt meer kans op ziektes zoals diabetes.
– Dikke kinderen bewegen zich moeilijker dan dunne kinderen; dit geeft problemen bij gymnastiek.
– Dikke kinderen worden vaak gepest met hun omvang.
– Zijn de ouders de schuld?
– Bewegen is belangrijk! Zet die pc eens uit en ga buitenspelen!

Tips
Als je voor een grote of kleine groep mensen moet spreken, zijn deze tips handig:
– Praat niet te zacht; achterin moeten ze je ook kunnen verstaan.
– Praat ook niet te hard!

– Spreek duidelijk, articuleer de woorden goed uit, sta niet te mompelen.
– Pas je spreektempo aan: spreek niet te snel, want dan begrijpt niet iedereen wat je zegt.
– Praat niet op één toon, want dat is slaapverwekkend.
– Houd oogcontact, maar kijk niet steeds dezelfde persoon aan en ga niet staren.
– Straal enthousiasme uit over dat wat je vertelt.

Maar voor alles:
Bereid je spreekbeurt goed voor, dan voel je je zeker van je zaak.

3.12.2

DEMONSTRATIE

Wanneer je een nieuwe mp3-speler wilt gaan kopen, ga je niet zomaar een winkel binnen en koop je de eerste die je ziet. Nee, je gaat je eerst oriënteren: je kijkt in de krant of er aanbiedingen zijn, je loopt eens een winkel binnen. Wat kost een mp3-speler, wie geeft de beste voor de laagste prijs? Welk bedrijf geeft goede service en garantie? En natuurlijk laat je ook één of meer spelers demonstreren. Je wilt weten hoe zo'n apparaat werkt, of de bediening eenvoudig is en welke nieuwe snufjes erop zitten. Pas na kijken en vergelijken, maak je je keuze.

In supermarkten en warenhuizen worden vaak demonstraties gegeven over bijvoorbeeld een nieuw schoonmaakmiddel of een snack die zo uit de diepvries de magnetron in kan. In feite is een demonstratie niet veel anders dan een spreekbeurt, maar dan met een bepaald doel: je wilt één of meer personen een product of een behandelingsmethode laten zien. Als assistent zul je ook wel eens iets moeten demonstreren, denk bijvoorbeeld aan het demonstreren van nieuw incontinentiemateriaal of een nieuw type tandenborstel speciaal voor linkshandigen.

De voorbereidingen voor een demonstratie zijn dezelfde als voor een algemene spreekbeurt, maar je moet wel aan een paar extra zaken denken:
– Bouw je verhaal logisch op: leg eerst uit waar het om gaat, wat je bedoeling is en in welke volgorde je de te demonstreren zaken gaat behandelen.
– Zorg dat het materiaal overzichtelijk en in de juiste volgorde klaarligt.
– Zorg ervoor dat een en ander er aantrekkelijk uitziet.
– Geef ruimschoots gelegenheid tot vragen stellen, ook tussendoor.
– Geef de benodigde productinformatie:
  • waar te koop?
  • wat kost het?
  • hoeveel per verpakking?

Opdracht 45
Voor apothekersassistenten:
Bereid een demonstratie voor die je gaat houden voor verzorgsters in de Thuiszorg. Je gaat verschillende soorten incontinentiemateriaal inclusief de voor- en nadelen bespreken.

Voor doktersassistenten:
Bereid een demonstratie voor die je zult houden voor belangstellende patiënten uit de praktijk. Je gaat verschillende soorten verbandmiddelen demonstreren, bijvoorbeeld speciale kinderpleisters, materiaal dat waterbestendig is en materiaal dat niet aan de wond hecht.

Voor tandartsassistenten:
Bereid een demonstratie voor die je gaat houden voor de leden van buurthuis De Klip.
Je demonstreert de voor- en nadelen van diverse types tandenborstel. Denk aan:
borstels speciaal voor kinderen, borstels met een grote of een kleine kop, borstels
voor mensen met tandvleesproblemen.

Bereid je demonstratie op papier goed voor, inclusief het spreekschema.

3.12.3

INSTRUCTIE

Een instructie is iets anders dan een demonstratie. Als je demonstreert, toon je een
product of een handelwijze. Als je instrueert, laat je een handeling zien, maar met het
doel dat de ander het daarna zelf kan.

> Anneke is stagiaire bij dokter Hansen. Zij wordt begeleid door assistente Sylvia.
> Op een dag vraagt Anneke aan Sylvia: 'Kun je me eens laten zien hoe je hech-
> tingen moet verwijderen? Toen jij gisteren weg was, wilde de dokter graag dat ik
> bij mevrouw Overmars de hechtingen uit haar arm haalde, maar ik durfde het
> nog niet zelf te doen!'
> Sylvia wil Anneke graag leren hoe je zoiets aanpakt. Ze vertelt haar wat je er
> allemaal voor nodig hebt, de eventuele voorzorgsmaatregelen die je moet ne-
> men, hoe het contact met de patiënt verloopt en natuurlijk legt ze de handeling
> zelf uit. Ze doet het voor op de arm van Anneke, waarop ze met stift zogenaamde
> hechtingen heeft getekend. Als ze alles heeft voorgedaan, herhaalt ze in het kort
> wat ze heeft verteld. Als Anneke niets meer te vragen heeft, besluit ze met: 'Zo,
> en nu mag je het bij mij proberen.'

Met dit voorbeeld is het verschil tussen demonstreren en instrueren duidelijk: als je
demonstreert luister het publiek, maar hoeft het na de demonstratie niet zelf de
handeling te kunnen verrichten. Na de instructie is dat juist wel het geval: de ander
moet het nu zelf kunnen.

Ook bij de instructie is weer sprake van een speciaal soort spreekbeurt waarbij je op
het volgende moet letten:
– Zorg ervoor dat je de te instrueren handeling zelf goed beheerst.
– Zorg ervoor dat alles wat je nodig hebt in de goede volgorde klaarligt.
– Bouw je instructie logisch op:
  • In de inleiding vertel je wat je gaat doen en wat het doel van de handeling is.
  • In het middendeel leg je de handeling uit en doe je haar voor; wees volledig!
  • In het slot geef je een samenvatting en geef je gelegenheid tot het stellen van
    vragen.
– Controleer of de instructie is begrepen door de handeling na te laten doen.

Tip
Houd bij demonstratie en instructie goed oogcontact. Op die manier kun je controleren of je verhaal wordt begrepen.

Opdracht 46
Bereid een instructie voor over een handeling die je in je opleiding tegenkomt. Zet
alles, inclusief je spreekschema goed op papier. Instrueer je docent.

Conclusie

In het werk van een assistent in de gezondheidszorg draait heel veel om de communicatie: schriftelijk en mondeling. Om voor een goede communicatie met de patiënt/cliënt en collega's te zorgen is het dikwijls belangrijk planmatig te werken. Op die manier breng je structuur aan en hou je overzicht.

Luistertoets

'Wat moet ik doen?'
Luister naar de toets bij hoofdstuk 3 op de cd-rom.
1 Wat is amoxicilline voor medicijn?
   a Een pijnstiller.
   b Een antibioticum.
   c Een ontstekingsremmer.
   d Een opiaat.
2 Hoeveel gram amoxicilline moet meneer Hoesseini in totaal hebben?
   a 3 gram.
   b 6 gram.
   c 8 gram.
   d 11 gram.
3 Waarom krijgt meneer H antibiotica?
   a Omdat hij geen penicilline wil.
   b Om een ontsteking in zijn mond te voorkomen.
   c Omdat hij een ontsteking in zijn mond heeft.
   d Omdat hij een ontsteking in zijn anus heeft.
4 Paracetamol is een middel dat
   a onder de homeopathische middelen valt.
   b verslavend kan werken.
   c voorgeschreven moet worden.
   d onder handverkoop valt.
5 Hoeveel ml moet de verpleegkundige toedienen?
   a 8 ml.
   b 0,8 ml.
   c 80 ml.
   d 4 ml.
6 Hoe zal ze dit waarschijnlijk gaan toedienen?
   a Via een zetpil.
   b Via een tablet.
   c Via een injectie.
   d Via een infuus.
7 Hoeveel mg paracetamol mag meneer Hoesseini maximaal per dag slikken?
   a 4.000 mg per dag.
   b 40.000 mg per dag.
   c 400 mg per dag.
   d 3.000 mg per dag.
8 Een opiaat is
   a altijd verslavend.
   b een ontstekingsremmer.
   c een bloedverdunner.
   d een morfine-achtige stof.

4 Zakelijke correspondentie

Inleiding

Als we iemand zakelijk of privé iets willen vragen of meedelen, grijpen we meestal de telefoon. Maar dat kan niet altijd. In veel gevallen is het beter of zelfs noodzakelijk om je wensen schriftelijk kenbaar te maken. Dan is het prettig om te weten hoe je dat het beste kunt doen.

4.1

Correspondentie in het algemeen

Toen er nog geen telefoons, faxen en computers bestonden, moesten de mensen elkaar schrijven als ze iets te melden hadden. Het schrijven van een mooie brief was een hele kunst; een brief moest aan allerlei criteria op het gebied van vorm, inhoud en beleefdheidsregels voldoen.

Tegenwoordig gebruiken we bijna altijd de computer en zijn de schriftelijke omgangsregels wat vervaagd. Toch is het goed als je bij het schrijven van brieven bepaalde regels in acht neemt:
- Houd rekening met de persoon die de brief ontvangt.
- Formuleer je zinnen zo nauwkeurig mogelijk, zodat de boodschap goed overkomt.
- Zorgt ervoor dat je brief er netjes uitziet en overzichtelijk is ingedeeld.
- Gebruik in bepaalde gevallen de juiste aanspreektitels.
- Controleer altijd zelf de spelling; de automatische controle op de computer haalt lang niet alles eruit!

4.2

De brief

Wanneer is het verstandig om een brief te schrijven? Als je:
- op een ontvangen brief wil reageren;
- een prijsopgaaf wil doen: een offerte maken;
- ergens informatie over wil ontvangen;
- iemand wil uitnodigen;
- iemand ergens aan wil herinneren;
- een brief aan een groep mensen wil schrijven: de circulaire;
- naar een functie wil solliciteren.

4.2.1

ONDERDELEN VAN EEN BRIEF

De aanhef

Een brief begint met een aanhef. Wanneer je de naam van de ontvanger weet, zet je zijn naam erbij.

Wanneer je de naam niet weet, kun je beginnen met: Geachte mevrouw, mijnheer, Bij iemand die een achternaam met een voorzetsel heeft – bijvoorbeeld J. van Veen – schrijf je de aanhef zo: Geachte heer Van Veen of Geachte mevrouw Op den Velde.

Na de aanhef zet je een komma, maar de brief zelf begin je met een hoofdletter.

De afkorting L.S. mag je niet als aanhef voor gewone brieven gebruiken; hooguit voor een circulaire. Beter is om in zo'n geval Geachte mevrouw, mijnheer, als aanhef te gebruiken.

Drie delen

De brief zelf bestaat uit drie delen: inleiding, middendeel en slot:
– De inleiding; dit is meestal een korte alinea waarin je uitlegt waarom je de brief schrijft. Als je bijvoorbeeld reageert op een advertentie dan vermeld je om welke advertentie het gaat en noem je de datum en de naam van de krant. Reageer je niet op een advertentie, een telefoongesprek of een andere brief, dan wil je meestal iets weten of iemand iets meedelen.
– Het middendeel of de kern van je brief; dit deel kan uit meerdere alinea's bestaan. In het middendeel moet de eigenlijke boodschap staan. Je vraagt informatie, je wilt iemand oproepen om ergens aan mee te werken, je zet je klacht uiteen. Let erop dat de kern goed in elkaar zit en logisch is opgebouwd. Zijn er dingen die de lezer eerst moet weten om de brief goed te kunnen begrijpen? Dan zet je dat natuurlijk meteen aan het begin van je brief.
– Het slot; dit bestaat doorgaans uit één alinea. Je kunt hier nog eens een samenvatting van je boodschap geven. Je rondt de brief af door de lezer bijvoorbeeld te vragen om spoedig te reageren op je brief.

Sluit je brief af met:
Hoogachtend,
en dan je naam en eventueel je functie.

Voorbeeldbrief:

Apotheek de Gouden Gaper
Bezaanstraat 18
1733 AG Assen

Assen, 10 maart 20–,

Mevr. A. de Bont
Brouwersweg 12
9403 RZ Assen

Geachte mevrouw De Bont,

Voor de goede orde bevestigen wij hiermee onze telefonische afspraak van vanmorgen.

Wij hebben de volgende afspraak gemaakt:

Op dinsdag 8 april a.s. zult u voor ons personeel een lezing verzorgen over het omgaan met agressieve cliënten. De lezing vindt plaats in onze personeelsruimte, begint om 20.00 uur en zal ongeveer 30 minuten duren. Na de lezing is er gedurende 20 minuten gelegenheid tot het stellen van vragen.
Het honorarium bedraagt: € 350
Wij verzoeken u de bijgevoegde kopie van dit schrijven getekend aan ons te retourneren.

Met vriendelijke groeten,

A. Goudvinger, apotheker

Als je iets met de brief mee stuurt, schrijf je daar nog onder:
Bijlage:
Een bijlage is iets wat je bij je brief mee stuurt: een nota, een folder, een routebeschrijving of iets dergelijks. Als de bijlage uit één vel papier bestaat, dan vul je een 1 in achter Bijlage:. Stuur je meer blaadjes mee dan vul je het aantal blaadjes in. Als je een bijlage mee stuurt, moet je dat in de brief vermelden.

4.2.2

HOE ZIET DE BRIEF ER UIT?

Tegenwoordig wordt bijna altijd het Amerikaanse briefmodel gebruikt. Dit model is heel overzichtelijk:
– Links en rechts houd je een kantlijn vrij van ongeveer 1,5 cm.
– Alles wat je schrijft begint aan de linkerkant: adressering, datum, aanhef, enzovoort.
– Je begint een nieuwe alinea door een regel over te slaan. Niet inspringen, dus gewoon vooraan de regel beginnen.
– Zorg ervoor dat de tekst gelijkmatig over het papier is verdeeld. Als je een brief op de computer typt, kun je op 'Afdrukvoorbeeld' klikken om te zien of dit inderdaad zo is. Als de tekst bijvoorbeeld te veel bovenaan het blad staat, kun je de hele tekst een stukje laten zakken (met de Entertoets).
– Je gebruikt alleen de voorkant van het papier.

Een brief ziet er dan zo uit:

ROC De Hoeksteen (de afzender)
Bakkerstraat 15
1468 PP Edam
twee regels overslaan

Edam, 21 juni 20– (plaats en datum)
twee regels overslaan

Dentallab Amsterdam (de geadresseerde)
t.a.v. de heer B. Botje
Brouwersgracht 80
1015 DD Amsterdam
twee regels overslaan

Betreft: excursie (het onderwerp)
twee regels overslaan

Geachte heer Botje, (de aanhef)

twee regels overslaan

Vorig schooljaar hebben wij met de cursisten van de opleiding tot tandartsassistent in uw bedrijf een interessante rondleiding gehad waarover onze cursisten zeer enthousiast waren.
een regel overslaan
Omdat wij voor onze cursisten elk jaar enkele excursies organiseren naar een bedrijf of instelling wil ik u vragen of het dit jaar weer mogelijk is om een bezoek aan uw laboratorium te brengen. Het gaat dit keer om derdejaars cursisten. Inclusief de begeleiding reken ik op vijftien personen.
een regel overslaan
Wat ons betreft zou een donderdag- of vrijdagmiddag het beste passen. Maar als dat voor u bezwaarlijk is, kunnen wij ook een ander tijdstip regelen.
een regel overslaan
Ik hoop dat u aan ons verzoek wilt voldoen.
een regel overslaan
Met vriendelijke groet,
twee regels overslaan/ruimte voor handtekening

H. Sommer-Wientjes,
programmacoördinator opleiding tandartsassistent

Samenvatting Amerikaans briefmodel
Afzender; staat vaak al op het briefpapier; zeker als het een praktijk of apotheek betreft.

twee regels overslaan

Plaats en datum; dit is de plaats waarvandaan de brief wordt geschreven; altijd voluit schrijven.

twee regels overslaan

Naam en adres van de geadresseerde.

twee regels overslaan

Betreft: kort het onderwerp van de brief vermelden.

twee regels overslaan

De aanhef: Geachte _____,

twee regels overslaan

Eerste alinea; de inleiding van de brief.

een regel overslaan

Tweede en eventueel volgende alinea's: het middenstuk van de brief. Tussen de alinea's steeds:

een regel overslaan

Laatste alinea; het slot van de brief.

twee regels overslaan

Hoogachtend, (denk aan de komma).

twee regels overslaan/ruimte voor de handtekening

De naam van de **afzender** met de eventuele **functie**.

twee regels overslaan of onderaan de bladzijde

Bijlage:

Opdracht 47
Een aanvraag
Schrijf een brief naar een patiëntenvereniging (zelf naam en adres opzoeken) waarin je vraagt om informatiemateriaal dat je nodig hebt voor een werkstuk voor school.

4.2.3

ENVELOP

Natuurlijk zorg je ervoor dat ook de envelop er keurig verzorgd uitziet. Dat is immers de eerste indruk die je achterlaat bij de ontvanger! Zorg er dus voor dat naam en adres netjes in het midden staan en dat alles recht onder elkaar staat.

Voorbeeld:
Mevrouw A. de Vries-de Haas
Donsvlinder 18
1873 BD Groet

Op de achterkant zet je bovenaan de naam en het adres van de afzender. Bij voorgedrukte enveloppen hoeft dat niet.

Denk je er ook aan voldoende porto op de envelop te plakken?

4.2.4

TITULATUUR

Sommige mensen hebben een titel: een adellijke titel (zoals baron of jonkvrouw) of een titel die bij een bepaalde functie hoort (pastor, professor), een universitaire titel of een andere opleidingstitel. Veel mensen vinden het prettig als zij met hun titel worden aangesproken in de correspondentie.

De meest gebruikte titels:		
afkorting	aanspreektitel	voor wie?
drs.	doctorandus	iemand die zijn doctoraalexamen aan een universiteit heeft gehaald (sinds 2005 niet meer toegekend)
BA (achter de naam)	bachelor	iemand die een driejarige wetenschappelijke opleiding aan een universiteit heeft voltooid
MA (achter de naam)	master	iemand die na zijn BA een mastersopleiding heeft voltooid

afkorting	aanspreektitel	voor wie?
dr.	doctor	iemand die na zijn doctoraalexamen een promotieonderzoek heeft gedaan
mr.	meester	iemand die afgestudeerd is in de rechten
ir.	ingenieur	iemand die afgestudeerd is aan een technische universiteit
ing.	ingenieur	iemand die afgestudeerd is aan een technische hogeschool
prof.	professor	aanspreektitel voor een hoogleraar aan een universiteit

Je gebruikt de titels en de aanspreektitels in de adressering; meestal niet niet de aanhef, hoewel er uitzonderingen zijn.

De adressering gebruik je op de envelop en in de brief zoals je hebt gezien. Hieronder vind je steeds een voorbeeld van de eerste regel van de adressering en de aanhef die erbij hoort:

De meest gebruikte titels:		
afkorting	adres	aanhef
drs.	De Weledelgeleerde heer (vrouwe) drs. P. Jansen	Geachte heer (mevrouw) Jansen,
dr.	De Weledelzeerge-leerde heer/vrouwe dr. P. Jansen	Geachte heer (mevrouw) Jansen,
mr.	De Weledelgestrenge heer/vrouwe mr. P. Jansen	(privé): Geachte heer/mevrouw Jansen, (in functie van bijv. advocaat of rechter): Weledelgestrenge heer/vrouwe Jansen,
ir. en ing.	is hetzelfde als bij de mr.	
prof.	De Hooggeleerde heer/vrouwe prof.dr. P. Jansen	Geachte professor Jansen,
ds.	De Weleerwaarde heer/mevrouw P. Jansen, predikant	Geachte heer/mevrouw Jansen,
past.	De Zeereerwaarde heer P. Jansen, pastor	Geachte heer Jansen,
Personen die geen amb-telijke of geestelijke rang bekleden, geen wetenschappelijke titel hebben of niet van adel zijn	De Weledelgeboren heer of : De Weledele heer of: De heer, en als het een dame is: Mevrouw Jansen	Geachte heer/mevrouw Jansen,
Bestuur van een zieken-huis	Het Bestuur van zie-kenhuis De Heel	Geacht Bestuur,
Adelijke titels worden bijna niet meer gebruikt	Ter informatie: graaf/gravin: De Hooggeboren heer/vrouwe baron/jonkheer: De Hoogwelgeboren heer/vrouwe	

Als je niet weet of iemand een titel heeft, of wanneer je geen titels wil gebruiken kun je altijd achter de naam zetten: s.s.t.t. of s.t. Dit betekent: zonder gebruik van titels. In de adressering wordt het woordje Aan weggelaten.

4.2.5

INHOUD BRIEF

Wat moet er in de brief komen te staan? En hoe pak ik de zaak nu het handigste aan? Denk nog eens even terug aan de manier waarop je een spreekbeurt of een werkstuk moet voorbereiden. Daarbij was ook de voorbereiding het halve werk. Met het schrijven van een brief is het niet anders.

1. Bedenk eerst: wat wil ik met mijn brief bereiken; wat is het doel van de brief?
 – Wil ik informatie geven of krijgen?
 – Wil ik me ergens over beklagen?
 – Wil ik iemand uitnodigen?
 – Wil ik uitgenodigd worden voor een sollicitatiegesprek?
 – Wil ik een afspraak vastleggen?
2. Houd rekening met degene die jouw brief ontvangt. Vraag je af:
 – Welk taalgebruik/welke stijl sluit het best aan bij de lezer?
 – Welke (voor)informatie heeft de lezer nodig om de brief in zijn geheel te kunnen begrijpen?
 – Welke argumenten zullen het meeste invloed hebben?
 – Hoe formuleer ik zo duidelijk mogelijk?

Tip
Probeer niet geleerder te lijken dan je bent! Gebruik geen moeilijke woorden die je anders ook niet gebruikt.

3. Maak op een kladje puntsgewijs aantekeningen van de onderwerpen die in ieder geval in de brief aan de orde moeten komen. Vraag je daarbij ook af of je misschien nog extra informatie moet geven om de brief voor de lezer begrijpelijk te maken.
4. Maak keuzes: wat hoort in:
 – de inleiding?
 – de kern/het middendeel?
 – het slot?
5. Schrijf je kladbrief. Als je eerst een kladversie maakt, kun je daar later nog veranderingen in aanbrengen. Vergeet niet de brief in alinea's in te delen. Zijn al je punten uit 3 in je brief opgenomen?
6. Kijk je kladversie heel kritisch na. Ben je niet zeker van jezelf, laat hem dan nog even door iemand anders lezen. Controleer ook of de vorm klopt. Controleer op taalfouten. Als je op de computer werkt: gebruik in ieder geval de spellingscontrole, maar blijf zelf ook opletten. Is de brief helemaal naar je zin? Schrijf dan:
7. De netversie. Er mogen geen doorhalingen, vlekken of Tipp-ex in voorkomen.

Opdracht 48
Een offerte voor apothekersassistenten:
Je werkt bij een apotheek die geregeld allerlei materiaal levert aan een verpleeghuis. Bied het verpleeghuis in een offerte aan om incontinentiemateriaal, stoma's en verbandmiddelen te leveren. Bedenk zelf hoeveelheden en prijzen en de eventuele korting bij een afname van bijvoorbeeld 500 stuks van elk artikel. Schrijf de brief op papier van de apotheek en onderteken met je eigen naam en functie.

Opdracht 49
Een klachtenbrief voor apothekersassistenten:
Schrijf een brief aan een leverancier van weegapparatuur (naam en adres zelf verzinnen). In deze brief beklaag je je erover dat de drie computergestuurde weegschalen die je in augustus hebt besteld, nu (in december) nog steeds niet zijn geleverd. De apparaten zouden in november worden afgeleverd, maar ook na herhaaldelijk telefonisch contact, waarin de leverancier van alles beloofde (zelf verzinnen), is er nog

*Figuur 4.1
Met de computer
kun je gemakke-
lijk verschillende
kladversies ma-
ken.*

steeds niets geleverd. Als de levering nu niet binnen tien dagen geschiedt, wordt de bestelling geannuleerd.

Een klachtenbrief voor doktersassistenten:
Schrijf een brief aan een leverancier voor verbandmiddelen (naam en adres zelf verzinnen). Je beklaagt je erover dat het telkens weken duurt voor de bestelde verbandmiddelen worden afgeleverd. De laatste keer werd de bestelling van 10 september pas op 15 oktober afgeleverd. En dat terwijl de firma altijd adverteert met de slogan: 'Vandaag besteld, is overmorgen in huis!' Telefonisch contact heeft ook niets opgeleverd, want ze verzinnen steeds maar smoezen. Als de levering de volgende keer niet binnen drie dagen kan, hoeft het voor jullie niet meer!

Een klachtenbrief voor tandartsassistenten:
Schrijf een brief aan de leverancier van het röntgenapparaat dat jullie op 22 augustus hebben besteld (naam, adres, model, prijs e.d. zelf verzinnen). Het apparaat zou voor 10 september worden geplaatst en nu, eind oktober, is het er nog niet! Via de telefoon belooft men telkens dat levering nu toch wel snel zal geschieden, maar een vaste dag wordt nooit afgesproken. 'We bellen wel een dag van tevoren.', zegt de verkoopmedewerker steeds. Aangezien jullie oude apparaat nu toch wel veel gebreken gaat vertonen, wil je dat het nieuwe apparaat binnen vijf dagen wordt geleverd, anders wordt de bestelling geannuleerd.

Bekijk elkaars brieven. Noteer waar de vormgevingsregels niet of onjuist worden gehanteerd. Is de opbouw van de brief logisch?

Opdracht 50
Voor apothekersassistenten:
Schrijf een brief naar de dropfabriek Venco BV, t.a.v. de heer drs. P. Muntjes, verkoopleider, Postbus 1200, 7332 AX Apeldoorn. In deze brief bestel je, in je functie van apothekersassistent verschillende dropsoorten: 10 kilo katjesdrop, 15 kilo muntdrop, zout; 20 zakjes honingdrop, 5 doosjes met rolletjes zwart/wit; 10 doosjes met zakjes salmiakdrop. Je wilt een en ander graag voor (datum zelf invullen) in huis hebben. Je werk bij apotheek De Gulden Gaper, St. Annastraat 17, 6305 BA Schin op Geul.

Opdracht 51
Voor apothekersassistenten:
Schrijf een brief aan de hand van de volgende gegevens.
De brief is bestemd voor het verzorgingshuis Nieuw Groenland, t.a.v. mevrouw drs. P. Paaltjes-Klimop, Lindenlaan 29, 4461 AH Goes.
Het verzorgingshuis heeft de voorraad verbandmiddelen, paracetamol en vitamine-tabletten aangevuld, alsmede de verbandscharen en de massage-olie. Alles bij elkaar was dit voor € 95,20 incl. BTW. De rekening is verstuurd op 15 september jl. Bij controle van de boeken is gebleken dat dit bedrag nog niet is voldaan. Je schrijft de brief met het verzoek spoedig (binnen tien dagen) te betalen. De apotheker tekent de brief zelf. Verzin zelf de naam en het adres van de apotheek en de naam van de apotheker.

Opdracht 52
Voor doktersassistenten:
Schrijf een brief aan de volgende specialist: dr. A. Galekop, dermatoloog, p/a Zie-kenhuis De Heel, Postbus 5100,1506 ZV Zaandam. Je schrijft deze brief uit naam van drs. K. de Kale, huisarts, Mezenplein 18, 1521 HV Wormerveer. De brief gaat over mevrouw C. Guitstal, Jupiterstraat 18, 1521 AK Wormerveer, geb. dat.: 10-04-1953. Zij is door dokter De Kale verwezen naar de dermatoloog omdat ze een grote moedervlek op haar linkerbil heeft. Dokter De Kale heeft haar op 20 november doorverwezen. Op 15 december komt zij op het spreekuur. Hij wil daarom de uitslag van het onderzoek van de dermatoloog graag vóór die datum hebben. Jij moet de brief schrijven alsof hij van dokter De Kale afkomstig is, want hij ondertekent hem.

Opdracht 53
Voor doktersassistenten:
Schrijf een brief aan de hand van de volgende gegevens.
Bij het controleren van de boeken ben je erachter gekomen dat mevr. ir. A. Thedinga, Pr. Bernhardlaan 14, 1521 CJ in Wormerveer de rekening over het tweede kwartaal nog niet heeft betaald. Je schrijft haar in je hoedanigheid van praktijkassistent een brief om haar te herinneren aan het nog openstaande bedraag van € 125. Verzin zelf het adres van je werkgever.

Opdracht 54
Voor tandartsassistenten:
Schrijf een brief aan de volgende specialist: dr. K. Boormans-Hansen, kaakchirurg, p/a ACTA, 1035 ZV Amsterdam. Je schrijft de brief uit naam van: mw. drs. Azeri, tandarts, Marnixstraat 18, 1521 HV Wormerveer. De brief gaat over mevrouw C. Guitstal, Jupiterstraat 18, 1521 AK Wormerveer, geb. dat.: 10-04-1953. Zij is door tandarts Azeri verwezen naar de kaakchirurg, omdat zij volgens haar lijdt aan een ernstige vorm van paradentose; zij denkt dat een flap-operatie waarschijnlijk nood-zakelijk is. Tandarts Azeri heeft haar op 20 november doorverwezen. Op 15 december komt zij op het spreekuur. Zij wil daarom de uitslag van het onderzoek van de kaakchirurg graag vóór die datum hebben. Jij moet de brief schrijven alsof hij van tandarts Azeri afkomstig is, want zij ondertekent hem.

Opdracht 55
Voor tandartsassistenten:
Schrijf een brief aan de hand van de volgende gegevens.
Bij het controleren van de boeken ben je erachter gekomen dat mevr. ir. A. Thedinga, Pr. Bernhardlaan 14, 2171 CJ in Warmerdam, de rekening over het tweede kwartaal nog niet heeft betaald. Je schrijft in je functie van tandartsassistent aan haar een brief om haar te herinneren aan het nog openstaande bedrag van € 479. Voor de specifi-

catie van de rekening verwijs je naar de nota van 4 juli jl. Verzin zelf het adres van je werkgever.

Natuurlijk kun je ook gebruikmaken van de opmaakprofielen in het computerprogramma Word.

Opdracht 56

Schrijf een brief naar een stage-adres, waarin je uitlegt welke opleiding je volgt en aan welke school je die opleiding volgt. Vraag het bedrijf of de instelling of je er de stage van het tweede leerjaar mag komen lopen. Vermeld om welke periode het gaat. Als de brief af is, schrijf je ook de envelop.
Vergelijk daarna je brief met een klasgenoot en bespreek de inhoud en de vormgeving.

4.3

De circulaire

Een circulaire (betekent letterlijk: een rondschrijven) is een zakelijke brief die niet gericht tot één bij naam gekend persoon, maar aan een (grotere) groep personen. Dit kunnen bijvoorbeeld alle patiënten van een arts of de cliënten van een apotheek zijn, maar ook de bewoners van een bepaalde woonwijk of alle medewerkers van een bedrijf of instelling.
De indeling is in principe hetzelfde als van een gewone zakelijke brief:
– naam en adres van de afzender; in het geval van een praktijkadres zal het een voorgedrukt briefhoofd zijn.
– plaats en datum;
– de adressering; die is anders dan bij een gewone brief, bijvoorbeeld:
  • Aan alle patiënten van drs. P. Jansen,
  • Aan alle cliënten van apotheek De Gulden Gaper,
– de aanhef is neutraal: Geachte mevrouw, mijnheer,
– de rest van de brief blijft qua indeling en vormgeving hetzelfde als een gewone brief.

Opdracht 57

Je werkt als assistente bij een apotheker, arts of tandarts. Schrijf een circulaire waarin je de nieuwe praktijktijden uitlegt aan de patiënten/cliënten en tevens vertelt dat ze in het vervolg ook met de pinpas hun rekening aan de balie kunnen betalen. Daar waar gegevens ontbreken moet je ze zelf verzinnen.

4.4

E-mailetiquette

Tegenwoordig wordt er ook voor zakelijke correspondentie gebruikgemaakt van e-mail. De toepassingsmogelijkheden zijn groot; denk maar aan het verzenden van bestellingen, het uitwisselen van gegevens, het via internet bestellen van herhalingsrecepten door patiënten, het maken van afspraken en nog veel meer.
Ook met het versturen van een e-mail moeten we de gebruikelijke omgangsregels in acht nemen. En in het taalgebruik en de vorm houden we net zoals met een brief rekening met de ontvanger van het bericht. Daarvoor gelden dezelfde regels als bij het normale briefverkeer.

Wees met e-mail wel extra attent op de privacy van je patiënten/cliënten; e-mail is niet 'waterdicht' en echt vertrouwelijke informatie kun je beter persoonlijk of per brief verstrekken.

Let er bij het versturen van een e-mailcirculaire op dat de adressen van de mensen aan wie je de circulaire stuurt, niet zichtbaar zijn voor de andere ontvangers. Gebruik hiervoor de mogelijkheid van *blind carbon copy* (BCC) van je e-mailprogramma.

Opdracht 58

Verstuur aan je stagebegeleider een e-mailbericht. Je geeft in dit bericht een verslagje van je activiteiten van de afgelopen stageweek op je stage-adres.

Solliciteren

Inleiding

We hebben nu allerlei soorten van brieven besproken. Eén soort brief is nog niet aan de orde geweest: de sollicitatiebrief. Daar gaan we het nu uitgebreid over hebben en we bespreken daarbij ook de hele procedure rond het solliciteren.

Voordat je aan het sollicitatieavontuur begint, is het goed een aantal zaken voor jezelf op een rijtje te zetten. Daarom vind je bij opdracht 59 een lijstje met beweringen. Lees deze eens door. Door op deze manier, kritisch naar jezelf te kijken, krijg je inzicht in je eigen mogelijkheden en beperkingen. Hierdoor kun je gerichter, en wellicht met meer succes, naar een baan zoeken.

Opdracht 59
Welke beweringen passen het beste bij jou? Noteer je antwoorden en bewaar ze in je nieuwe portfolio 'Solliciteren'.
– Ik heb juist voor deze opleiding gekozen omdat _____.
– Ik wil deze baan erg graag omdat _____.
– Ik heb mijn diploma gehaald.
– Ik heb, behalve mijn stage-ervaring nog andere werkervaring: namelijk: als

  _____.
– Ik houd ervan om zelfstandig te werken.
– Ik werk graag alleen, dan heb ik met niemand wat te maken.
– Ik werk graag in een team.
– Ik neem in een groep vaak de leiding.
– Ik houd ervan als iemand anders de leiding neemt.
– Ik voel me verantwoordelijk voor mijn werk.
– Ik kan goed met anderen samenwerken.
– Ik heb er moeite mee om in een team te functioneren.
– Ik kan me flexibel opstellen.
– Regels zijn regels en daar houd ik me aan.
– Ik vind het niet erg om, als dat nodig is, een uurtje langer te werken.
– Ik begin op tijd, maar wil ook op tijd naar huis.
– Ik wil het liefst in mijn eigen woonplaats werken.
– Als ik toch moet reizen, dan niet langer dan _____ uur per dag.
– Ik ben meestal wel opgewekt.
– Als ik een slechte bui heb, laat ik dat goed merken.
– Ik ben gevoelig voor sfeer.
– Ik zit gauw in de put.
– Ik word snel boos.
– Ik kan onder druk goed presteren.
– Mij krijgen ze niet gauw kwaad.
– Ik heb veel voor anderen over.
– Ik raak snel in de stress.
– Ik ben erg goed in _____.
– Ik kan niet zo goed _____.

Wat voor baan zoek ik?
- fulltime/parttime;
- in een solopraktijk;
- in een groepspraktijk;
- in een ziekenhuis;
- in een privé-kliniek;
- bij de dokterspost;
- bij een specialist;
- in een laboratorium;
- in een bedrijf;
- bij de bloedtransfusiedienst;
- bij de GGD;
- in een stad;
- in een dorp;
- in een drukke wijk;
- in een rustige buurt;
- veel contacten aan de balie;
- weinig administratie;
- voornamelijk administratief werk;
- een informele sfeer.

Om met succes te solliciteren, moet je jezelf 'verkopen', zoals dat wel wordt genoemd. Jij hebt iets te bieden en je 'product' is je vakkennis, je vaardigheid in dat vak, je inzet en je persoonlijkheid.
De werkgever zoekt iemand die het werk dat moet worden gedaan, zo goed mogelijk kan doen. Bovendien zoekt hij iemand die in het team past. Kortom, hij wil een tegenprestatie voor het salaris dat hij biedt.

5.1

Manieren van solliciteren

Er zijn verschillende manieren om te laten weten dat je interesse hebt in een bepaalde baan:
1 reageren op een advertentie;
2 een open sollicitatie sturen;
3 op je stage-adres laten weten dat je er graag zou willen werken;
4 je omgeving vertellen dat je een baan zoekt.

5.1.1

REAGEREN OP EEN ADVERTENTIE

Laten we de advertentie eens onder de loep nemen. Goed lezen, is ook hier het halve werk. Lees de volgende advertenties eens door:

Apothekersassistent (m/v)
Fulltime of 0.8

Om onze patiënten optimaal te begeleiden zoeken wij een gemotiveerde, gediplomeerde Assistent(e)

Wij bieden: een moderne, gezellige apotheek in het centrum van Den Haag.
Wij vragen: enthousiasme, bezit van diploma apothekersassistent(e), goede contactuele eigenschappen, bij voorkeur ervaring.

Sollicitaties aan:
Apotheek de Geus, t.a.v. mw. drs. E. de Haas, A. Deekenstraat 50, 2595 AH Den Haag.
Telefonische informatie: 070 6350000.

Gezocht voor plattelandspraktijk, een enthousiaste

Doktersassistente (m/v)
Voor 32 uur per week, m.i.v. 1 december a.s.
Ons team bestaat uit twee huisartsen en twee parttime assistentes.
Wij zoeken: een gediplomeerde doktersassistente, mogelijk met ervaring, die flexibel is, verantwoordelijkheid kan dragen en gezellig is.
Graag zien we je sollicitatiebrief binnen 2 weken tegemoet:
Drs. B. Hutjes en mw. drs. A. van Daal
Huisartsenpraktijk Opmeer
Stationsstraat 15, 1716 BH Opmeer
Info: 0226 963000

Gevraagd:
Tandartsassistente (m/v)
Voor de maandag-woensdag-vrijdagochtend
Werkzaamheden: aan de stoel en aan de balie
Schriftelijk solliciteren naar:
Drs. P. de Korte
Vinkenbaan 37
2159 OK Kaagdorp

Opdracht 60
Lees de advertenties nauwkeurig door. Welke spreekt je het meeste aan (ongeacht je huidige opleiding)? Bespreek je mening met een groepsgenoot. Zijn er zaken die je mist in een van de advertenties? Wat zou er volgens jou nog meer in moeten staan?

Het **voordeel** van het reageren op een advertentie is dat je heel gericht kunt solliciteren.
Het **nadeel** is dat je waarschijnlijk niet de enige bent; je hebt dus concurrentie!

5.1.2

OPEN SOLLICITATIE

Je schrijft op eigen initiatief een sollicitatiebrief naar een praktijk of apotheek waar je graag zou willen werken. In feite solliciteer je niet gericht, maar informeer je of er binnenkort misschien een vacature is; in dat geval zou jij daarvoor graag in aanmerking willen komen.

Voordeel: je bent misschien net de juiste sollicitant op het goede moment en je hebt weinig concurrentie van anderen. Voor de werkgever is het een voordeel dat hij geen dure advertenties hoeft te plaatsen en geen berg brieven hoeft door te worstelen.

Nadeel: je weet niet of er een vacature is.

5.1.3

STAGE-ADRES

Als je een prettig stage-adres hebt, zou je er misschien wel willen blijven werken. Laat het ze weten!

5.1.4

EIGEN OMGEVING

Hetzelfde geldt voor je eigen omgeving. Misschien heeft iemand in je kennissenkring contacten die nuttig voor je kunnen zijn.

Wanneer je via deze laatste twee mogelijkheden aan een baan probeert te komen, noemen we dat netwerken.

5.2

De sollicitatiebrief

De sollicitatiebrief is wat indeling en opbouw betreft hetzelfde als elke andere zakelijke brief:
- inleiding: reden van het schrijven van de brief.
- midden: ingaan op de advertentie; motivatie; werkervaring; verwijzen naar curriculum vitae (cv);
- slot: afronding; vergeet niet onder aan de brief de bijlage (cv) te noemen. Pas op: nooit originele diploma's of andere officiële papieren meesturen! Maak er een kopie van en bewaar je diploma's bij je andere spullen in je portfolio 'Solliciteren'.

Voorbeeld van een sollicitatiebrief:

Anneke Garenmaker
Boterbloem 25
1561 KA Krommenie

Krommenie, 9 december 20–,

De Weledelgeleerde heer drs. K. Verbeter, arts
De Zerken 17
1422 PC Uithoorn

Geachte heer Verbeter,

Uw advertentie in De Volkskrant van zaterdag 6 december jl. trok mijn aandacht. U zoekt hierin per 1 januari a.s. een gediplomeerde doktersassistent(e) voor 32 uur per week.

Naar deze functie wil ik graag solliciteren. Ik zal me even aan u voorstellen: ik ben een gediplomeerde doktersassistente van 20 jaar. Mijn opleiding heb ik gevolgd aan het Regio College te Zaandam. Na mijn diplomering heb ik gedurende drie jaar gewerkt in het BovenIJ ziekenhuis, als assistente van de KNO-arts.

Uw advertentie trok mij aan omdat u iemand zoekt die ervaring heeft, flexibel is en verantwoordelijkheid kan dragen. Ik meen aan deze eisen te kunnen voldoen. Tijdens mijn werk als assistente van de KNO-arts, regelde ik het spreekuur en de administratie geheel zelfstandig. Daarnaast assisteerde ik ook in de behandelkamer. Ik ben flexibel; pas me makkelijk aan in verschillende omstandigheden.

Wat me zo aantrekt in het werk in een huisartsenpraktijk is de verantwoordelijkheid die je draagt, de assistentie bij behandelingen en ingrepen, het contact met patiënten en het werken in een team. Ik vind een gezellige werksfeer heel belangrijk. Voor een volledig overzicht van mijn opleiding verwijs ik u naar mijn cv.

Ik ben graag bereid mijn sollicitatie in een gesprek met u uitgebreid toe te lichten. Ik hoop dat u mij daarvoor zult uitnodigen.

Hoogachtend,

Bijlage: cv

5.2.1

CURRICULUM VITAE

Het curriculum vitae (cv) is een overzicht van je levensloop. In het kader zie je wat er allemaal in moet staan. Maak nu je eigen cv. Het is handig om een portfolio 'Solliciteren' aan te maken en de cv hierin, samen met de kopieën van je sollicitatiebrieven, te bewaren.

> **Curriculum vitae**
> Naam:_____
> Voornamen:_____
> Roepnaam:_____
> Adres:_____
> Postcode:_____
> Woonplaats:_____
> Telefoonnummer:_____
> Geboortedatum:_____
> Geboorteplaats:_____
> Burgerlijke staat:_____
> Geloofsovertuiging:_____
>
> Opleiding:
> Van _____ tot _____: Basisschool te _____.
> Van _____ tot _____: Havo de Kinkelhoorn te Zeddam (geen diploma behaald).
> Van _____ tot _____: Mavo de Weer te Winterswijk; diploma behaald.
> Van _____ tot _____: ROC Het Rijnlandcollege te Arnhem; opleiding tot Apothekersassistent; diploma behaald.

Overige diploma's:
In _____: diploma drogisterijhulp.
In _____: EHBO-diploma.
In _____: typediploma.

Stage-ervaring:
In _____: Apotheek de Gouden Gapers, te Zeddam.
In _____: Apotheek Sanders te Raalte.
In _____: Apotheek De Wingerd te Winterswijk.

Overige werkervaring:
Van _____ tot heden: zaterdaghulp bij Albert Heijn te Zeddam.

Hobby's:
_____

_____

_____

Referenties:
Drs. K. de Korte, p/a: Apotheek de Gouden Gapers te Zeddam, tel. 038 7683000.
De heer J. de Boer, afdelingschef bij Albert Heijn te Zeddam, tel. 038 7652000.

Let op: als je iemand opgeeft als referentie, moet je hem wel van te voren vragen of hij ermee akkoord gaat!

Bij grote bedrijven en instellingen, zoals ziekenhuizen, wordt wel gebruikgemaakt van een sollicitatieformulier dat je moet invullen. Zo'n sollicitatieformulier staat dan vaak op de website van de instelling of het ziekenhuis. De vragen komen in grote lijnen overeen met het cv.

Het is steeds meer gebruikelijk om je sollicitatiebrief per e-mail te verzenden. In de e-mail kondig je je sollicitatiebrief en cv aan die je als bijlagen toevoegt.

Opdracht 61
Lees de volgende advertenties door. Kies er één uit en schrijf een brief. Lever de brief en het cv in bij de docent.

Voor apothekersassistenten:

Stichting De Graafschap Eerste Lijns Gezondheidszorg
Welke

gediplomeerde apotheekassistent (m/v)
met recente ervaring, heeft zin om kennis te maken met het werken in een apotheek in een gezondheidscentrum, waar het accent ligt op voorlichting en medicatiebegeleiding?
De apotheek is modern en ruim ingericht en is volledig geautomatiseerd. Er werken dagelijks 5-6 assistenten en 1-2 apothekers.
Wij bieden een aantrekkelijke en afwisselende baan. Naast de normale zaken, heeft

een ieder ook deeltaken en specialisaties w.o. cara, diabetes en incontinentie.
Arbeidsvoorwaarden en salariëring volgens de CAO Gezondheidscentra.
Wij zoeken een fulltime apothekersassistent.
Bezit je goede communicatieve vaardigheden en ben je gemotiveerd voor het beroep,
schrijf dan binnen 10 dagen naar:
Sollicitatiecommissie, Apotheek De Veste, Nieuwstad 38, 7202 HK Zutphen.
Inlichtingen bij Pieter Grauwelman, apotheker
Tel. 0575 3822000.

APOTHEEK VLASDORP
Zoekt een gediplomeerde Apothekersassistent(e)

Wij zoeken voor onze gezellige apotheek op korte termijn een GEDIPLO-
MEERDE COLLEGA voor 35 uur per week.

Voor inlichtingen of reacties:
Dhr. N.L. van Zundert (apotheker) of een van de assistentes.
Tel. 0115 678000
Apotheek Vlasdorp, Noorderweg 12, 4535 AH Terneuzen.

Apotheek Molenhoek
Zoekt een gediplomeerde apothekersassistent (m/v)

Kun je goed met mensen omgaan, deskundig adviseren en heb je oog voor dienst-
verlening en kwaliteit? Dan bieden wij een leuke en afwisselende baan in een team
van enthousiaste collega's.

Wil je minimaal 32 uur werken , ben je bereid tot regelmatige nascholing en werkoverleg, dan zijn wij op zoek naar jou!

Voor meer informatie kun je contact opnemen met:
Bea Bastiaans of Like Greven, tel. 023 8564000

Heb je interesse, stuur dan je brief naar:
Apotheek Molenhoek
t.a.v. dhr. G.J. Huisman, Jaap Edenplein 7, 1202 BH Velsen.

Ziekenhuis De Overmars te Hengelo (O)
zoekt per 1 maart a.s. een:

FULLTIME APOTHEKERSASSISTENT M/V
voor onze ziekenhuisapotheek.
Het werk in een ziekenhuisapotheek is zeer afwisselend. Je zorgt ervoor dat de
patiënten op de diverse afdelingen op tijd de juiste medicijnen ontvangen. Je
hebt daarbij ook een voorlichtende taak.
Wij zoeken iemand die: stressbestendig is, zeer accuraat, klantvriendelijk en met
correcte omgangsvormen.
Solliciteren? Je sollicitatiebrief graag voor 1 februari zenden aan:
Ziekenhuis de Overmars, Het Welzijn 38, 7551 BP Hengelo (O),
Afd. P&O t.a.v. dhr. A. O. Bakker, apotheker.

Voor doktersassistenten:

Huisartsengroepspraktijk De Uithoek
Zoekt uiterlijk per 1 januari a.s. een

Gediplomeerde doktersassistente voor 34 uur (4 dagen) per week
Wij zoeken een enthousiaste assistente, die het leuk vindt om in een team te werken met collega assistentes, een praktijkverpleegkundige, praktijkmanager, 3 huisartsen, 1 huisarts in opleiding en een sociaal psych. verpleegkundige.
De werkzaamheden zijn zeer gevarieerd, van afspraken maken tot eigen spreekuren doen. De praktijk is modern uitgerust en wij werken met Omnihis.
Als je belangstelling hebt, kun je je schriftelijke sollicitatie voor 8 november naar ons toe sturen. Als je meer informatie wilt, kun je ons ook eerst bellen.

B.C. Blom, J.J. Bakker, T. Teenstra, huisartsen
Molensweg 16, 1906 AW Limmen
Telefoon: 072 578909 (liefst tussen 11.00 en 12.00 uur)

Gezocht per 5 januari voor een huisartsenpraktijk in het centrum van Haarlem:

Doktersassistente

We zijn op zoek naar een enthousiaste assistente, met een afgeronde opleiding, die ons team kan versterken. In eerste instantie is dat voor 32 uur per week tot eind april. Dit i.v.m. zwangerschapsverlof van een van onze assistentes. Na 1 april kan dit eventueel worden omgezet in een dienstverband van 16-20 uur per week.
Wij bieden:
– salariëring volgens CAO Huisartsenzorg;
– een prettige werksfeer en een leuke werkomgeving.
Voor meer informatie kunt u bellen op werkdagen, tussen 8.00 en 17.00 uur met W. Kraakman, huisarts.
Schriftelijke reacties binnen 2 weken na het verschijnen van deze advertentie naar: W. Kraakman, Grote Markt 66, 2388 KA Haarlem.

Gezondheidscentrum De Stede
Vraagt per 1 januari a.s. voor het duo huisartsenpraktijk Beentjes/De Boer:

een praktijkassistent (m/v)
voor 25 uur per week, (met mogelijk een uitbreiding van het contract in de toekomst)

die in het bezit is van het diploma doktersassistent. Werkervaring is een pré.

Welke creatieve, flexibele praktijkassistent wil onze huisartsenpraktijk komen versterken?
Er is ruimte voor verdere ontwikkeling van de functie i.o.m. de andere praktijkassistentes. Er wordt op een prettige manier samengewerkt met andere disciplines zoals fysiotherapeuten, maatschappelijk werkenden, diëtistes, VETC-ers, enz.
Arbeidsvoorwaarden en salariëring, conform CAO Gezondheidscentra.
Inlichtingen bij Gerda Klein, tel. 020 6849000.
Uw brief met CV stuurt U naar de sollicitatiecommissie, Gezondheidscentrum De Stede, Postbus 59275, 1000 AB Amsterdam.

HUISARTS ZOEKT ASSISTENTE

Voor onze drukke plattelandspraktijk zoeken wij een vriendelijke, gediplomeerde doktersassistente.

Jouw profiel:
– Je bent een vriendelijke vrouw die een drukke baan aankan.
– Je bent nauwgezet, kunt goed overweg met ons geautomatiseerde systeem Omnihis.
– Je bent bereid tot het volgen van bij- en nascholing.

Wij bieden een afwisselende baan met goede na- en bijscholingsmogelijkheden. Ook als je binnen een paar maanden je opleiding doktersassistente afrondt, kun je solliciteren.
Je sollicitatiebrief met cv kun je zenden aan:
Mevr. drs. Th. Huyg, huisarts, Hoofdstraat 14, 1848 AK, Hem.
Voor meer informatie e-mailen naar: Th.Huyg@tiscali.nl

Voor tandartsassistenten:

Werk aangeboden voor tandartsassistente in tandartsenpraktijk in Bloemendaal. De modern ingerichte praktijk is gespecialiseerd in implantologie en esthetische tandheelkunde. De voornaamste taken zijn (four-handed) assisteren en zelfstandig werken als preventieassistente. Via nascholing zijn er ruime kansen tot verdere ontplooiing.
Salaris conform CAO.
Uw schriftelijke reactie met CV gaarne aan:
mw. E. Hooyschuur, Zuiderweg 33, 2261 HE Bloemendaal.

Tandartsenpraktijk Bloemwijk
Zoekt zo spoedig mogelijk een gediplomeerde

TANDARTSASSISTENT M/V
Onze praktijk bestaat 4 jaar en is ruim van opzet met de modernste apparatuur.
De werkzaamheden zijn:
– **assisteren van de tandarts,**
– **baliedienst,**
– **verzorgen van de administratie.**
Wij zoeken en flexibele, klantvriendelijke en stressbestendige assitent(e) voor 36 uur per week.
Sollicitaties naar:
Tandartsenprakijk Bloemwijk, t.a.v. mevrouw A. van Veldhoven (tandarts), Bloemhof 22, 6703 DK Eindhoven.
Mailen kan ook: Bloemwijk@kpn.nl. Graag vóór 15 juni a.s.

Het Tilburgs Ziekenhuis
zoekt:

tandartsassistent (poliklinisch OK-assistent)

De tandartsassistent werkt samen met de tandartsen van de Bijzondere Tand-heelkunde (protetiek, gehandicaptenzorg, angstige volwassenen en kindertand-heelkunde). Het is een dynamische baan waarbij je de patiënt begeleidt en de tandarts assisteert tijdens de spreekuren en behandelsessies op de polikliniek en op de poliklinische operatiekamer.
Solliciteren?

Stuur je brief naar P&O-servicecentrum, t.a.v. mevr. A. Mandjes, HTZ, Postbus 305, 1880 AM Tilburg of e-mail naar a.mandjes3@hetnet.nl.
Eerst meer weten? Kijk op onze website voor een uitgebreide vacatureomschrij-ving: www.htz.nl.

5.3

Het sollicitatiegesprek

Je brief heeft de belangstelling gewekt en je wordt uitgenodigd voor een sollicitatie-gesprek. Ga er niet zomaar naartoe, maar bereid het gesprek goed voor.

5.3.1

VOORBEREIDING

– Ga als het mogelijk is van tevoren een keertje langs. Je weet dan op de dag zelf precies hoe je er moet komen en hoe lang de reis duurt. Bij een apotheek kun je zelfs even naar binnen gaan; koop een zakje drop of iets dergelijks. Dan weet je al een beetje wie er werken en hoe de sfeer is. Probeer anders op een andere manier al iets over het adres aan de weet te komen. Ken je bijvoorbeeld iemand die patiënt is in de praktijk? Vraag hem of haar hoe de sfeer is. Je kunt ook kijken of jouw 'toekomstige werkgever' een website heeft. Daar kun je vaak handige informatie vinden.
– Neem voor de zekerheid een kopie van je brief en cv mee naar het sollicitatiege-sprek. Je kunt ook stagebeoordelingen, werkstukken of scripties meenemen. Als deze tijdens het gesprek ter sprake komen, heb je iets om te laten zien.
– Zorg dat je er verzorgd uitziet, maar overdrijf niet; blijf jezelf.
De inhoudelijke voorbereiding van het gesprek is erg belangrijk. Ga nooit onvoor-bereid naar een sollicitatiegesprek. De gespreksleider zal je veel vragen stellen waarop hij een antwoord verwacht. Jij, op jouw beurt, hebt wellicht ook vragen. Schrijf ze op, zodat je niets vergeet. Niemand zal je kwalijk nemen als je je aanteke-ningen erbij neemt. Integendeel, daaruit blijkt dat je je goed hebt voorbereid.

Bereid je voor op de volgende vragen:
– Waarom wilt u deze baan graag hebben?
– Waarom denkt u dat u geschikt bent voor dit werk?
– Ik zie op uw eindlijst dat u blijkbaar niet zo goed bent in _____. Hoe komt dat?
– Bent u bereid om bij- en nascholingscursussen te volgen?
– Heeft u een vriend(in) of een partner?
– Bent u creatief genoeg om zelf plotselinge problemen op te lossen?

– Hoe lang werkt u bij uw huidige werkgever?
– Waarom wilt u van baan veranderen?

Figuur 5.1
Het sollicitatiege-
sprek: de eerste
indruk is heel be-
langrijk.

– Wat zijn uw toekomstverwachtingen?
– Wat wilt u in uw werk bereiken?
– Hoe houdt u zich op de hoogte van de ontwikkelingen op uw vakgebied?
– U komt wat gesloten over; kunt u wel goed met anderen samenwerken?
– Bent u iemand die zelf initiatieven neemt?

5.3.2

GESPREK

De eerste indruk is heel belangrijk:
– Geef een behoorlijke hand en kijk de ander aan. Zeg geen 'Hallo', maar 'Dag
  mevrouw Gerritsen' of 'Dag dokter Gerritsen.'
– Zorg ervoor dat je op tijd bent; liever iets te vroeg dan te laat.
– Zorg dat je er verzorgd uitziet: schone kleren en gepoetste schoenen.
– Plof niet op de eerste de beste stoel neer; wacht tot je wordt uitgenodigd om plaats
  te nemen.

Tijdens het sollicitatiegesprek probeert de gespreksleider erachter te komen of jij de
meest geschikte persoon bent voor de vacature. Hij zal je veel vragen stellen om een
indruk van je te krijgen. Aan het einde van het gesprek is er meestal gelegenheid om
je eigen vragen te stellen.
Het is moeilijker dan het klinkt, maar: blijf jezelf. Probeer goed te luisteren en rustig
te antwoorden. Zeg eerlijk als je iets niet weet of begrijpt. En vertel enthousiast over
de dingen die je belangrijk of leuk vindt.

Hier nog een paar adviezen:
– Probeer te ontspannen.
– Wees jezelf; doe je niet beter of slechter voor dan je bent.
– Kijk je gesprekspartner regelmatig aan.
– Beantwoord de vragen eerlijk, maar niet te uitgebreid.

– Probeer de werksfeer te proeven. Past die bij jou?
– Geef bij het afscheid weer een stevige hand en bedank voor het gesprek.

Tot slot nog een paar dingen die je vooral **niet** moet doen:
– Kauwgom kauwen.
– 'Doei!' zeggen bij het afscheid.
– Kritiek uiten op collega's, klasgenoten of docenten.
– Friemelen aan je kleren.
– Schuifelen op je stoel.

Luistertoets

Het sollicitatiegesprek
Luister naar de toets bij hoofdstuk 5 op de cd-rom.
Geef aan of de volgende beweringen **juist** of **onjuist** zijn.

		juist of onjuist?
1	Het vacaturenummer is 39181.	
2	Astrid solliciteert bij een zorgverzekeraar.	
3	Astrid heeft al eerder voor een zorgverzekeraar gewerkt.	
4	Een van de taken is het opstellen van machtigingsaanvragen.	
5	Astrid heeft informatie gezocht om zich voor te bereiden op het gesprek.	
6	Communicatief vaardige mensen praten veel.	
7	Door te analyseren, kun je de juiste informatie vinden.	
8	Een voorbeeld van stressbestendigheid is het maken van een goede planning.	
9	Zakelijke voorwaarden kunnen betrekking hebben op hoeveel je verdient.	
10	De aangeboden baan is een parttime functie.	

6 | Vergaderen

Inleiding

Er wordt in het leven heel wat vergaderd: in clubs, in de ondernemingsraad van een bedrijf, in de gemeenteraad en natuurlijk ook in apotheek of praktijk.
Een goed voorbereide vergadering is het halve werk. Er moet wel een reden om te vergaderen zijn; als je alleen maar informatie wilt doorgeven, kun je dat waarschijnlijk net zo goed schriftelijk doen.

Er zijn drie soorten vergaderingen:
1 De informatieve vergadering: je wilt met elkaar informatie uitwisselen en bespreken, bijvoorbeeld over de resultaten van een gehouden enquête of de ervaringen met een nieuwe behandelmethode.
2 De probleemoplossende vergadering; er kunnen problemen zijn die onderling irritaties geven. Je gaat deze problemen met elkaar bespreken en wilt samen tot een oplossing komen.
3 De besluitvormende vergadering: je moet samen een besluit nemen over bijvoorbeeld de nieuwe inrichting van de spreekkamer.

Er zijn natuurlijk vergaderingen waar de drie soorten in elkaar overlopen. Zo zul je, als je een besluit over iets moet nemen, eerst voldoende geïnformeerd moeten zijn.

6.1

Een vergadering voorbereiden

Het vergaderschema is vaak al lang geleden gemaakt. Zo is er bijvoorbeeld afgesproken om de eerste woensdag van elke maand met elkaar te overleggen. De data liggen vast en zijn in een jaarschema genoteerd. Als er een keer niets te bespreken valt, kun je een datum altijd nog schrappen. Dit zal niemand vervelend vinden.

Voorbereiding:
1 Uitnodigen van de personen die aanwezig moeten zijn.
2 Ervoor zorgen dat iedereen ruim vooraf op de hoogte is van tijd, plaats, notulen vorige vergadering en agenda.
3 Zorgen dat er een vergaderruimte is op een plek die voor iedereen handig is.
Deze voorbereidingen worden bij een vereniging meestal door de secretaris of de notulist gedaan. In een praktijk of een apotheek kan dit ook per toerbeurt afgesproken worden.

Figuur 6.1
Vergadertafel.

De uitnodiging kan met een briefje of e-mailtje worden verstuurd. Bijvoorbeeld zo:

Aan: alle medewerkers van de apotheek.
Of:
Aan: mevr. Klaassen, dhr. Peters, Anneke, Joke, Dorien en Sjors.

Datum: 13 december 20–

Betreft: vergadering van woensdag 7 januari 20–

Hierbij nodig ik alle medewerkers uit voor ons maandelijks overleg dat we, zoals gewoonlijk, in de koffiekamer houden.
Aanvang: 15.00 uur
Einde: 17.00 uur

Aan de orde komen onder meer: het vakantieschema voor 20–, het assistentencongres in maart en agressie in de apotheek. De precieze agenda zal vóór 23 december worden verzonden.

Met vriendelijke groet,
Gerda

6.2

De agenda

Als een secretaris of notulist de uitnodiging verzorgt, maakt hij meestal in overleg met de voorzitter de agenda. In praktijk of apotheek zal dit in overleg met apotheker of (tand)arts gaan. Dikwijls komen er agendapunten aan de orde naar aanleiding van de vorige vergadering, bijvoorbeeld als er deze keer een besluit genomen moet worden.

Een vergadering heeft altijd een aantal vaste punten:
1 Opening; de voorzitter opent en sluit de vergadering. Hij heet de aanwezigen welkom en geeft zonodig een korte uitleg over het doel van de vergadering en de

agendapunten. De andere aanwezigen kunnen eventueel nog agendapunten toe-voegen.

2 Notulen van de vorige vergadering; de secretaris/notulist heeft notulen van de vorige vergadering gemaakt. Deze notulen worden, met de agenda, ruim op tijd aan de deelnemers verzonden. In de notulen worden ook de besluiten vermeld die genomen zijn, eventueel op een apart besluitenlijstje als bijlage. Als iemand vindt dat er iets verkeerd in de notulen is opgenomen, kan hij nu voorstellen dit te corrigeren.

3 Ingekomen en uitgaande stukken; als er brieven zijn ontvangen of geschreven die iedereen aangaan, worden ze hier gemeld.

4 Mededelingen; als de voorzitter iets nieuws te melden heeft, kan dat bij dit agen-dapunt. Ook andere deelnemers die iets te melden hebben, kunnen hier hun zegje doen.

5 De agendapunten, bijvoorbeeld het vakantierooster van volgend jaar, het assisten-tencongres, voorlichtingsavond voor ouderen enzovoort.

6 Rondvraag; de voorzitter geeft de deelnemers de gelegenheid vragen te stellen of opmerkingen te maken.

7 Sluiting; de voorzitter dankt de aanwezigen en sluit de vergadering.

Vaak wordt er halverwege de vergadering een korte pauze ingelast.

Waar moet je aan denken als jij de voorzitter van de vergadering bent?
– De voorzitter verzamelt de agendapunten en bespreekt ze met de secretaris/notu-list, die de agenda maakt en verstuurt. Het is verstandig om agendapunten die wat meer tijd vragen, vóór in de agenda te zetten. Als er agendapunten zijn waarop de deelnemers zich moeten voorbereiden, kun je informatie meesturen. Je vermeldt dat bij het vergaderpunt: zie bijlage.
– De voorzitter bereidt de vergadering inhoudelijk goed voor. Dat wil zeggen dat je per agendapunt weet wat je erover wilt zeggen en dat je je realiseert wat je met dit agendapunt wilt bereiken. Zijn er deelnemers van wie je weerstand kunt verwach-ten? Bereid je daarop voor! Welke argumenten ga je gebruiken? Overleg je vooraf met collega's om de mening van de anderen te peilen?

Praktische voorbereiding:
– Zorg dat de vergaderruimte beschikbaar is.
– Zet de tafel en voldoende stoelen zo neer dat je elkaar aan kunt kijken.
– Regel eventueel een videorecorder of overheadprojector.
– Zorg voor koffie, thee en dergelijke.

VOORBEELD VAN EEN AGENDA:

Onderwerp: maandelijks overleg
Datum: 09 januari 20–
Tijd: 14.00-15.30 uur
Plaats: Blaricum
Doel: opstellen vakantieschema 20–

Agenda:
1 Opening
2 Notulen van de vergadering van 11 december 20–. Zie bijlage 1.
3 Ingekomen stukken:
   – overlijdensbericht mevr. J. Karsseboom;
   – uitnodiging voorjaarsbeurs Medicall;

– enquête van de gemeente over de dokterspost; zie bijlage 2;
– informatie GGD over de Mekkaprik.
4 Mededelingen
5 Het vakantieschema 20–; voor kalender, zie bijlage 3.
6 Het assistentencongres van maart 20–: Wie gaan er naartoe?
   Koffiepauze
7 Omgaan met groeiende agressie in de apotheek.
8 Rondvraag.
9 Sluiting.

Opdracht 62
Lees de informatie over het organiseren van een vergadering door en maak van de belangrijkste aandachtspunten aantekeningen in je schrift.

Opdracht 63
Lees de volgende casus goed door en beantwoord daarna de volgende vragen in je schrift:
1 Wat is het doel van de vergadering?
2 Wie zouden er bij de vergadering aanwezig moeten zijn?
3 Hoe bereid je de vergadering voor:
   – plaats;
   – tijd;
   – informatie.
4 Maak de agenda voor de vergadering.
5 Schrijf de uitnodiging voor de vergadering

Voor apothekersassistenten:
Je werkt als apothekersassistent in een grote stadsapotheek die in een drukke nieuwbouwwijk ligt. Er is ook een verzorgingstehuis in de wijk. In de zaak is een aparte ruimte om voorlichting over stoma's en andere persoonlijke zaken te geven. Ook is er een afdeling met verzorgende producten en een afdeling homeopathie. In deze apotheek werken behalve de eerste apotheker, die tevens de eigenaar is, nog twee andere apothekers, vier assistenten, één apotheekhulp, één stagiaire en één bezorger. De apothekers en de assistenten draaien ook weekend- en avonddiensten. Normaal gesproken werken er twee assistenten 'voor' en twee 'achter'. Daar is een schema voor gemaakt, maar niet iedereen is daar gelukkig mee. Als er namelijk iemand komt voor een bepaalde voorlichting, stagneert het werk aan de balie. Ook als er iemand ziek is of een vrije dag heeft, doen zich problemen voor. Kortom, men wil heel graag klantvriendelijk werken, maar ook zo werken dat het voor iedereen prettig is. Na overleg over dit probleem met de eerste apotheker, heeft zij je gevraagd een vergadering te beleggen voor de personeelsleden die het aangaan. De eerste apotheker zal de vergadering voorzitten.
Centraal in deze vergadering staan het probleem van de verbetering van de organisatie en het belang van goede voorlichting aan cliënten.
Hoe vind jij dat je dit het beste zou kunnen organiseren? Welke argumenten voor en tegen kun je aanvoeren? Zet je argumenten op papier! Welke bezwaren zouden collega's kunnen hebben? Hoe weerleg je die bezwaren? Schrijf het op! Op welke manier zou een vrije dag of ziekte het beste kunnen worden geregeld?

Voor doktersassistenten:

Je werkt als doktersassistent in een gezondheidscentrum. Behalve de twee art-sen, werken er twee assistentes, van wie er één parttime werkt; verder is er nog een baliemedewerkster voor de telefoon en dergelijke; zij is ook doktersassis-tent, zodat ze in tijd van nood kan invallen. Sinds een maand is er een stagiaire: een derdejaars doktersassistent in opleiding. Ten slotte werkt er nog een maat-schappelijk werkster. Elke assistente werkt voor een vaste arts. Maar als er bijzondere dingen zijn, zoals ziekte of vakantie, valt men voor elkaar in zonder dat daar goede afspraken over zijn gemaakt. Dit geeft vaak irritaties, omdat elke arts toch zijn eigen manier van werken heeft. Onderling wordt erover gesproken dat dit ook anders kan, flexibeler.

Na erover te hebben gesproken met je baas, en in overleg met haar, wordt besloten om met alle collega's van de praktijk een vergadering te beleggen om te kijken hoe het werk anders, prettiger, geregeld kan worden.

Jij verzorgt de vergadering. Een van de artsen is de voorzitter. Hoe zou je de irritaties tijdens ziekte of vakanties kunnen oplossen? Bedenk een voorstel en zet het op papier. Geef de argumenten waarom je vindt dat het op die manier kan worden opgelost. Welke tegenargumenten kun je verwachten? En hoe weerleg je die? Schrijf het op!

Voor tandartsassistenten:

Je werkt als tandartsassistent in een groepspraktijk in een gezondheidscentrum. Het gezondheidscentrum ligt in een drukke wijk van een grote stad. Er werken vier tandartsen, één mondhygiëniste, twee balieassistentes voor telefoon en afspraken, vier tandartsassistentes (drie fulltime en één parttime). Er zijn twee stagiaires van het ROC, één eerstejaars en één derdejaars. In de praktijk wordt zes dagen per week gewerkt, met roulerende diensten: vroege dienst van 8.00-15.00 uur; late dienst van 15.00-21.00 uur. Op zaterdag wordt tot 13.00 uur gewerkt. De zaterdagdienst rouleert. In de praktijk loopt de zaak niet altijd zoals het moet en daar wil men eens met elkaar over praten tijden het maandelijkse werkoverleg. De laatste tijd is een receptioniste een paar keer ziek geweest en de parttime assistente was met vakantie. Daardoor liep de hele organisatie in het honderd. Dat vindt men niet prettig en nog minder klantvriendelijk.

Tandarts Beens heeft nu aan jou gevraagd een vergadering te beleggen waar onder meer dit onderwerp op de agenda staat. Op de vorige vergadering is afgesproken dat het jaarlijkse uitje ook op deze vergadering zal worden be-sproken. Assistente Anneke zal met een uitgewerkt voorstel komen. Tandarts Beens, de voorzitter van de vergadering, vraagt aan jou om de vergadering voor te bereiden.

Hoe zouden de moeilijkheden volgens jou het beste kunnen worden opgelost? Zet je voostel met de argumenten op papier. Bedenk ook wat de anderen er tegenin kunnen brengen en hoe jij daarop zou kunnen reageren. Schrijf alles op!

Bespreek met elkaar, eventueel in kleine groepjes, de resultaten van deze opdracht.

6.3

Taakverdeling

Bij vergaderingen zijn er verschillende rollen die vervuld moeten worden.

De voorzitter

De rol van de voorzitter is belangrijk. Wanneer de voorzitter geen leiding geeft en deelnemers maar eindeloos laat praten, mislukt de vergadering en gaat iedereen ontevreden weer naar huis. Zonde van de tijd!

De voorzitter bereidt de vergadering grondig voor:
– Wil hij informatie geven of krijgen?
  • informatie geven: doe je aan het begin van het te bespreken agendapunt. Hij geeft de informatie, waarna de deelnemers op de informatie kunnen ingaan door bijvoorbeeld verhelderende vragen te stellen.
  • informatie krijgen: de voorzitter stelt vragen, naar meningen, ideeën.
– Moet er een probleem worden opgelost? De voorzitter legt uit wat het probleem is. Wellicht heeft hij één of meer voorstellen om het probleem op te lossen. Hij kan ook de aanwezigen vragen met ideeën te komen.
– Wordt er een besluit genomen? In de inleiding bij het agendapunt maakt de voorzitter duidelijk waarover een besluit genomen moet worden. Hij geeft de gelegenheid tot discussie en overleg.

De voorzitter geeft een korte inleiding bij ieder agendapunt en een korte samenvatting aan het einde van de discussieronde. Hij zorgt ervoor dat de discussie niet verzandt en iedereen aan het woord kan komen. Hij let erop dat besluiten duidelijk worden geformuleerd. Daarnaast opent en sluit hij de vergadering.

De notulist

In een kleine organisatie of praktijk wordt de rol van notulist meestal per toerbeurt vervuld. De notulist:
– zorgt ervoor dat er een verslag komt van de vergadering. Hij maakt tijdens de vergadering aantekeningen en moet dus heel goed kunnen luisteren.
– kan tijdens de vergadering om verduidelijking vragen stellen als hij er niet zeker van is dat hij alles goed heeft begrepen.
– zorgt ervoor dat de genomen besluiten en afspraken duidelijk op papier komen en schrijft ze eventueel in een apart besluiten- en afsprakenlijstje.

De notulist schrijft na de vergadering het verslag. Hierin worden de afspraken en besluiten vastgelegd. Zo is iedereen, ook eventueel afwezige personen, op de hoogte. Soms zijn er punten die op de vergadering niet helemaal zijn afgerond. Deze komen terug op de volgende vergadering en moeten dus weer op de agenda worden gezet. De notulist zorgt er ook voor dat alle deelnemers op tijd de notulen ontvangen.

Het verslag is nooit een letterlijke weergave van het besprokene. In het verslag staat duidelijk en verkort weergegeven wat er tijdens de vergadering is besproken. Werk puntsgewijs en schrijf het besluitenlijstje onderaan het verslag.

Voorbeeld van een verslag:
Notulen van de personeelsvergadering van apotheek De Waal, d.d. 13 november 20–

Aanwezig: mevr. A. de Waal, voorzitter; dhr. P. Haring; dhr. K. de Kale; mevr. V. Beentjes en mevr. M. Muis, notulist.
Afwezig: mevr. K. Netjes (ziek).

1 Opening. De voorzitter opende de vergadering en heette de aanwezigen welkom.
2 Notulen. Niemand had op- of aanmerkingen. De notulen werden dus vastgesteld (betekent: goedgekeurd).
3 Mededelingen. De voorzitter deelde mee dat het met collega Klazien Netjes nu gelukkig weer beter gaat. Namens allen is een bloemetje gestuurd toen zij uit het ziekenhuis thuiskwam. Dhr. Haring deelde mee dat hij op 22 oktober jl. de Pharmabeurs heeft bezocht, maar daar was niet veel nieuws te zien.
4 Het vakantierooster. We zijn er nog niet helemaal uit. Mevr. Beentjes en mevr. Muis willen in dezelfde periode vakantie nemen. Zij zullen proberen de vakanties op elkaar af te stemmen. Volgende keer komt dit punt weer op de agenda, zodat we een definitief besluit kunnen nemen.
5 Het jaarlijkse uitstapje. Besloten is om dit keer in de lente met elkaar naar de Keukenhof te gaan, en wel op zaterdag 22 mei. Dhr. Haring zal een programma voor die dag maken. Hij komt de volgende vergadering met een uitgewerkt plan.
6 Rondvraag. Mevr. Beentjes vroeg of de partners dit keer ook mee mogen met het uitstapje. Hangt van het kostenplaatje af. Ze wil eventueel wel bijbetalen. Dhr. Haring vroeg of Sinterklaas, zoals elk jaar, ook dit jaar een cadeautje voor het personeel zal brengen. Dit werd door de voorzitter bevestigd. Tijdens de koffiepauze op 5 december komt de goedheiligman langs. Na de vergadering werden lootjes getrokken. Het cadeautje mag niet duurder zijn dan €5.
7 Sluiting. De voorzitter sloot de vergadering en dankte iedereen voor zijn inbreng.

Volgende vergadering op: 7 januari 20–

Besluitenlijst:
1 Vakantierooster volgende keer weer op de agenda; besluit nemen.
2 Het jaarlijkse uitstapje is op zaterdag 22 mei 20–. Dhr. Haring maakt een plan. Volgende vergadering weer op de agenda.
3 Sinterklaasviering op 5 december tijdens de koffie.

De deelnemers
De deelnemers aan de vergadering hebben natuurlijk ook een belangrijke rol: zonder deelnemers geen vergadering. Ze zijn actief bij de vergadering betrokken en hun inbreng is heel belangrijk. Zij moeten:
– goed luisteren;
– een ander niet in de rede vallen;
– begrip en respect tonen voor de andere deelnemers;
– hun mening kort en van argumenten voorzien geven.

Opdracht 64
Maak groepjes van vijf á zes personen. Maak een keuze uit de agenda's die bij opdracht 63 staan. Verdeel samen de verschillende rollen. Als het niet helemaal

uitkomt, pas je het een beetje aan. Wanneer alle voorbereidingen zijn getroffen, begin je de vergadering. Als het mogelijk is, kan er iemand worden benoemd die de hele gang van zaken in de groep kritisch bekijkt en daar een verslagje van maakt voor de volgende les. Deze persoon neemt dan geen deel aan de vergadering. Als dit niet kan, maakt elk groepslid een overzichtje van de dingen die hij wel en niet goed vond gaan. Neem deze opmerkingen de volgende les mee, om ze met elkaar te kunnen bespreken. Natuurlijk zorgt de notulist ervoor dat de notulen op tijd klaar zijn voor de volgende les/vergadering.

Opdracht 65
Bespreek met je groepje de vergadering:
– Wat ging goed, wat niet?
– Was de uitnodiging voor de vergadering volledig en duidelijk?
– Was de agenda volledig en duidelijk?
– Werd de vergadering goed geleid door de voorzitter?
– Kwam iedereen aan het woord?
– Kwamen de deelnemers aan de vergadering met goede argumenten?
– Zijn er afspraken gemaakt? Hoe kan het de volgende keer beter?

Schrijf voor jezelf de verbeterpunten in je schrift op.

6.4

Meningen en argumenten

Tijdens een vergadering wordt naar je mening gevraagd. Vaak ben je ergens vóór of tegen. Maar waarom? Wat is de reden? Welke argumenten kun je geven om de ander jouw mening duidelijk te maken? Dit doe je in een betoog.

Meningen zijn subjectief; iedereen vindt er het zijn van en niemand heeft gelijk.

Voorbeeld:
Jij zegt: 'Die trui is het helemaal. Vet, precies wat ik zocht!' De ander zegt: 'Hoe kun je dat nu zeggen. Die kleur is echt lelijk!' Dit is duidelijk een voorbeeld van een mening.

ARGUMENTEN ZIJN DE REDENEN WAAROM JE EEN BEPAALDE MENING HEBT.

Voorbeeld:
Mening: Meneer Jacobs was vanmorgen helemaal in de war.
Argumenten: Hij zei dat het dinsdag was en dat dan altijd zijn dochter komt (het is echter woensdag en zijn dochter komt meestal op zondag). Hij wilde zonder jas naar buiten en zei dat hij naar zijn moeder ging (het vriest dat het kraakt en zijn moeder is al jaren dood).

Argumenten zijn geen meningen; ze zijn objectief en controleerbaar.

Voorbeeld:
Neem de stelling 'de patiënt heeft altijd gelijk'
Mening: Daar ben ik het helemaal niet mee eens.
Argument: Een patiënt heeft een bijsluiter niet goed gelezen, neemt zijn medicijn daardoor verkeerd in en geeft jou de schuld van de bijwerkingen. Dan heeft hij toch geen gelijk?!

Opdracht 66

Om te oefenen in het bedenken van argumenten, geven we hier een aantal stellingen. Ga als volgt aan het werk:

- Ga in groepjes van vijf á zes personen bij elkaar zitten.
- Kies een stelling uit waarover je met elkaar kunt discussiëren.
- Bereid je vijf minuten voor op de discussie. Schrijf drie argumenten op waarom je het eens of oneens bent met de gekozen stelling.
- Discussieer niet langer dan tien minuten over de gekozen stelling.
- Na die tien minuten kiezen jullie een andere stelling en doen jullie de opdracht nog een keer.
- Na de discussies bespreken jullie de gang van zaken:
  - Was er iemand die de discussie leidde (dus als voorzitter optrad)?
  - Ben je van mening veranderd? Zo ja, welk argument gaf de doorslag?
  - Was er iemand die steeds het hoogste woord had?
  - Wie heb je tijdens de discussie helemaal niet gehoord?

Maak notities van deze bespreekpunten, zodat een volgende discussie beter verloopt.

Stellingen:
1 De patiënt heeft altijd gelijk.
2 Een assistent hoort alles in het werk te stellen om de patiënt te allen tijde van dienst te zijn.
3 Stage lopen is onbetaald werk verrichten. Stagiaires zouden eigenlijk moeten worden betaald.
4 De begeleidend (tand)arts/apotheker heeft recht op een financiële tegemoetkoming van stagiaires. Het kost hem namelijk veel tijd om te begeleiden.
5 Een patiënt heeft altijd recht op alle informatie over zijn ziekte.
6 Een assistent moet verplicht worden door bijscholing zijn vak bij te houden.
7 Een assistent hoort altijd vriendelijk en beleefd te blijven.
8 Een assistent blijft vriendelijk en beleefd, ook als de patiënt dat niet is.
9 Een (tand)arts/apotheker kan van de assistent eisen dat hij overwerkt als dat voor het werk nodig is.
10 Buiten het spreekuur om hoef je niemand te helpen.
11 Als je tijd er op zit, ga je naar huis; klaar of niet.
12 Ouderen zijn zeurpieten en ze willen altijd voorrang!

Opdracht 67

Lees het artikel *Medicijnen uit waterkraan*. Maak aantekeningen en vorm een mening over het onderwerp. Schrijf de meningen en argumenten op. Discussieer in groepjes van vijf of zes cursisten over dit artikel.

Opdracht 68

Deze opdracht kan als afsluitende toets worden gebruikt. De casus wordt door de docent aangeleverd. Alle voorbereidingen, zoals uitnodiging, agenda, eventuele bijlagen e.d. kunnen via het Open Leercentrum worden verzorgd. Ook moet er een kritische verslaglegging van het hele proces komen. Uiteraard worden ook de notulen verzorgd.

Iedereen krijgt een rol in dit proces waarop hij wordt beoordeeld. Bij de beoordeling wordt ook de procesgang in zijn geheel, zoals samenwerking en het zich houden aan afspraken, betrokken.

De docent beoordeelt tijdens de vergadering elke deelnemer individueel op zijn bijdrage aan de vergadering. De groep als geheel krijgt ook een cijfer.

Resten van vijftien soorten geneesmiddelen in gezuiverd water

Medicijnen uit waterkraan

DOOR KAREN ZANDBERGEN

DEN HAAG - Drinkwater uit de kraan bevat steeds meer medicijnenresten. Het Rijksinstituut voor Volksgezondheid en Milieu (RIVM) vond vijftien geneesmiddelen in gezuiverd water. „Voor zover we kunnen zien, gaat het om lage concentraties die niet of nauwelijks schadelijk zijn voor mensen", zegt onderzoeker Ans Versteegh. „Maar we weten niet wat de effecten op lange termijn zijn."

De resultaten van het RIVM-onderzoek zijn vandaag naar buiten gebracht. Daaruit blijkt dat we via de kraan vooral aspirine en middelen tegen epilepsie binnenkrijgen zonder het te weten. Het gaat om nanogrammen, doses die honderden keren kleiner zijn dan wat gevaarlijk wordt geacht voor mensen. „Er zijn veel kwalen waarvan we de oorzaak niet kennen. Die zouden het gevolg kunnen zijn van deze vervuiling", zegt Versteegh. De onderzoekers vinden dat helemaal geen geneesmiddelen in drink-water mogen voorkomen.

Dieren kunnen bij veel lagere hoeveelheden geneesmiddelen van slag raken dan mensen. Vissen kunnen van geslacht veranderen onder invloed van oestrogeen. Dat hormoon komt in rivieren en beken via de urine van vrouwen die anticonceptiemiddelen slikken. Als lange tijd kleine doses antibiotica in oppervlaktewateren komen, kunnen bacteriën resistent worden.

Jaarlijks groeit het medicijngebruik bij de Nederlanders met vier procent. Die groei wordt naar verwachting alleen maar sterker, omdat meer medicijnen op de markt komen en mensen ouder worden. Lang niet iedereen brengt ongebruikte medicijnen terug naar apotheek of ziekenhuis. Twaalf procent gooit ongebruikte druppels en pillen in prullenbak, wc of gootsteen.

In 2002 vond het RIVM al sporen van vier geneesmiddelen in drinkwater. Daar volgde weinig actie op. In 2004 werd voor het eerst alarm geslagen. De regering vroeg RIVM om het onderzoek waarvan nu de resultaten bekend zijn. Het probleem speelt ook elders. In de VS worden resten van antibiotica, steroiden en antidepressiva in het drinkwater gevonden, in Groot-Brittannië prozac.

De overheid gaat campagne voeren om duidelijk te maken waarom medicijnen niet door het toilet moeten worden gespoeld. De landbouwsector moet voorkomen dat diergeneesmiddelen in het water komen en de medicijnindustrie mag niet verspillen. Veel medicijnresten komen via urine en de rioolzuivering in het oppervlaktewater. Waterleidingbedrijven filteren dat water om er drinkwater van te maken. Ze halen daarbij zeventig tot negentig procent van de medicijnen uit het water.

Figuur 6.2
Stof tot discussie.

Bron: Noordhollands Dagblad, 13 september 2007.

Luistertoets

Teamvergadering
Luister naar de toets bij hoofdstuk 6 op de cd-rom.
1 Onderwerp van de teamvergadering is:
  a onveiliger, gezonder en klantvriendelijker werken.
  b veiliger, gezonder en klantvriendelijker werken.
  c veiliger en milieuvriendelijker werken.
  d veiliger, gezonder en milieuvriendelijker werken.
2 Fenne wil andere naaldencontainers omdat:
  a ze deze onveilig vindt.
  b ze deze onhandig vindt.
  c ze deze milieuonvriendelijk vindt.
  d ze deze niet mooi vindt.
3 Wat is een flexchair?
  a Een luie stoel.
  b Een milieuvriendelijke stoel.
  c Een ergonomische kruk.
  d Een milieuvriendelijke kruk.
4 Wat betekent ergonomisch?
  a Rekening houdend met de veiligheid en de gezondheid.
  b Rekening houdend met de gezondheid.
  c Rekening houdend met de veiligheid.
  d Rekening houdend met de gezondheid en het milieu.
5 Wielen onder een container maken, is een:
  a ergonomische oplossing.
  b veilige oplossing.
  c milieuvriendelijke oplossing.
  d goedkope oplossing.
6 Mensen met een burn-out:

moeten worden opgenomen in een ziekenhuis.
b hebben brandschade.
c zijn te laag opgeleid.
d zijn ernstig overwerkt.

7 Wat wordt er bedoeld met stoom afblazen?
a Water koken.
b Naar de sauna gaan.
c Afreageren, zeggen wat je voelt.
d Over jezelf nadenken.

8 Wat is stressreductie?
a Veel wandelen.
b De stress laten afnemen.
c De stress laten toenemen.
d Geen last hebben van stress.

Register